LAS MENTIRAS DEL DINERO

¿QUIÉN ERES?

DRA. LISA COONEY

TESTIMONIOS

Sencillamente, ¡lo mejor!

La Dra. Cooney es una terapeuta excepcional, con métodos compasivos y útiles. Ella es un excelente recurso para cualquier persona que está en necesidad de ayuda y también un gran apoyo para la recuperación de adicciones.

La Dra. Lisa se ajustaba muy bien a lo que yo buscaba y a lo que necesito en un terapeuta. Ella me desafía cuando necesito ser desafiado, escucha cuando necesito un oyente, y comprueba conmigo entre sesiones para asegurarse de que estoy haciendo progresos. También tengo la impresión de que ha personalizado su enfoque de nuestras sesiones en función de mis necesidades individuales, lo que me da confianza en sus capacidades y me ayuda a confiar en sus consejos.

La Dra. Lisa (como se le llama más comúnmente) es una terapeuta sanadora / practicante dotada que realmente tiene la capacidad de canalizar exactamente lo que se necesita para cada uno de sus clientes, ya sea terapia de conversación tradicional o algo fuera de lo común. Ella es una excelente oyente, empática, intuitiva y simpática. Ella siente las cosas contigo. Trabaja para comprender.

La Dra. Cooney es muy atenta y proporciona el formato de terapia que coincidía con mis expectativas de cómo la terapia tendría que ser estructurada para encontrar valor en ella. Ella escuchó a mis resultados deseados, y las cosas que han trabajado para mí en el pasado, y modificó su enfoque de nuestras sesiones para adaptarse a esas peticiones. Ella hace un seguimiento entre nuestras sesiones de vez en cuando para comprobar y me parece que va más allá teniendo en cuenta la cantidad de pacientes que debe ver. Ella también ha modificado su horario para adaptarse a mí cuando tuve un conflicto surgir unos días antes de nuestra sesión programada y fue capaz de conseguir que se reprogramó rápidamente para que no se atrasen en mi progreso. En general, yo recomendaría a la Dra.

Cooney por su combinación de profesionalismo y personalización, y su clara experiencia en los temas que he querido discutir.

La Dra. Lisa es empática, comprensiva e increíblemente eficaz. Nunca he conectado tan bien con un terapeuta. Sinceramente me sorprendió lo bien y lo rápido que fue capaz de entenderme y ayudarme. No puedo recomendarla lo suficiente, ella realmente me ha ayudado a cambiar mi vida para mejor.

AGRADECIMIENTOS

Gracias a todas las culturas, países y personas que me han invitado a facilitar este taller de Mentiras del Dinero en su tierra natal. Ha sido un gran privilegio facilitar el cambio en vuestro idioma, en vuestro país y en vuestra relación con el dinero, hacia delante y hacia atrás.

Liberarse de nuestras jaulas financieras culturales y étnicas es tan importante como crear tu propia realidad financiera. El abuso, en cualquiera de sus formas, no tiene cabida en este planeta. Eso incluye el abuso que te haces a ti mismo siendo otra persona con tu dinero, pensando otra cosa de ti y comprando la narrativa que nunca se ajusta a ti. Cámbiate a ti mismo y cambiarás el mundo que te rodea.

Ahora, ve a recibir lo que el universo está dispuesto a dar. Tómalo, pase lo que pase. Te reto...

Este libro está dedicado a todos ustedes que luchan con el dinero.

A todos los que sienten que la deuda o la preocupación financiera en la que se encuentran es un gran agujero negro del que nunca saldrán o superarán.

Para todos ustedes que se sienten perdidos, confundidos, inmóviles, aterrorizados e impotentes con el cambio de su realidad financiera, comparto estas palabras con ustedes como un faro para ver a través. Tú puede hacer una elección diferente.

Puedes tener la vida que deseas.

Puedes crear el dinero, el efectivo, las divisas, las inversiones y las vacaciones que quieras.

Elige tú

Compromiso contigo

Colabora con los que conspiran para bendecirte

Crearte

INTRODUCCIÓN

Ahora tienes en tus manos una mina de oro.

Como mínimo, un montón de efectivo y dinero, lo que tú quieras (porque, como he comprobado con miles de clientes de todo el mundo, hay una diferencia).

Pero este libro no trata sólo de dinero... Trata de las mentiras del dinero.

Y, francamente, si no llegas al fondo de ellas, te mantendrán atado como un ovillo en una cuerda atada a un poste, dando vueltas en la misma órbita una y otra vez.

Puede que te sorprenda que estas mentiras sobre el dinero no tengan nada que ver con el efectivo o el dinero real, pero sí con lo que utilizas para crear tu "flujo de dinero" -o la falta del mismo- en tu cuenta bancaria, cartera, inversiones, chequera y en tu bolsillo ahora mismo.

En otras palabras, todo se actualiza como su realidad financiera.

¿Le parece una empresa enorme o un poco abrumadora?

Si es así, te alegrará descubrir, al igual que las personas que asistieron a estos talleres en persona, que todo lo que se necesita para empezar a crear una nueva realidad financiera para ti es un cambio de un grado.

Y eso lo puede hacer cualquiera, incluso tú.

Como verás, una vez que entras ahí y miras, la jaula de mentiras y limitaciones empieza a traquetear y luego a derrumbarse.

Y entonces empieza la verdad. Entonces, ¿cómo se relaciona esto con el dinero?

Porque el dinero es una energía, como todo lo demás. Nosotros somos energía. Tenemos ATP en cada célula de nuestro cuerpo, Trifosfato de Adenosina. Esa es la energía del espíritu, nuestra energía de impresión del alma.

Venimos en una forma. El dinero viene en una forma. Todos somos energía, pero la separamos con estas mentiras.

El dinero no es el problema, sino nosotros.

No tiene nada que ver con nada exterior y todo que ver con lo que está dentro de ti mismo, y cuáles son tus sistemas de creencias. Tiene que ver con lo que piensas de ella, con lo que proyectas sobre ella, con lo que haces que signifique para ti, con lo que te defines y con si la tienes o no.

Este libro está lleno de lecciones que extraje de unos talleres tremendos, o "Catadores" como yo los llamaba, sobre las Mentiras del Dinero que impartí en varias partes del país.

Por desgracia, hay ciertas mentiras del dinero que flotan insidiosamente a través de los individuos, sus familias y sus culturas, transmitidas de generación en generación. En más de 20 años de práctica privada, práctica de grupo y práctica internacional, he visto que el dinero es una de las tres razones principales por las que la gente acude a mí (las otras son la salud y las relaciones).

Empecé a notar que había un patrón en mis clientes que tenían el mismo 'problema de presentación', en el que podían crear dinero, pero nunca lo conservaban o lo tenían.

Otros pensaban que no podían crear dinero y, por tanto, no podían tenerlo.

Si estás leyendo este libro, sospecho que encontrarás tu propia experiencia en alguna parte de estas páginas y, como resultado, empezarás a tener tu propio cambio de un grado. Y cuando lo hagas, habré hecho mi trabajo.

Porque las mentiras del dinero consisten realmente en enfrentarse a estas tres cuestiones:

- *¿Quién soy?*
- *¿Qué estoy siendo?*
- *¿Qué mentira me estoy creyendo que he hecho realidad?*

Créeme, no es trabajo para débiles.

Pero es para aquellos de ustedes que están listos para vivir su ROAR® - lo que yo llamo su Realidad Radicalmente Orgasmicamente Viva.

Es un trabajo para el ROAR® malvado que llevas dentro y que dice: "Se acabó. Ya no vale la pena esconderse detrás de esas mentiras".

Y, sabes, realmente no lo es. Así que, ven por tu dinero...

Porque el dinero en tus manos cambiará el mundo.

MIRANDO AL CERO

"Esta noche voy a daros sólo una pequeña muestra de las Mentiras del Dinero", recuerdo que dije a mi animada audiencia en Maui cuando fui allí para un taller sobre Las Mentiras del Dinero. Fue un taller riguroso de cinco días de duración en el que intentamos despojar de capas y capas de traumas, juicios, autojuicios y mucho más a todas las personas que habían acudido para vivir la experiencia. Siempre es un privilegio y una gran responsabilidad que la gente confíe en ti y espere que sus heridas más profundas sanen gracias a tu virtud. Y poder compartir la historia de ese taller es otra bendición que me permite conectar con vosotros, mi público lector. Así que allá vamos...

Es tan interesante cuando hablamos de dinero porque trae esta energía de estancamiento. Hay tres mentiras principales del dinero y, si les echas un vistazo, encontrarás que son estas suposiciones dentro de ti las que crean la realidad financiera que en realidad no eres tú.

Pero tú crees que eres tú.

Ahora bien, puede que eso te escueza por un momento y te sientas perdido.

Espero que tu mente se expanda, leyendo esto, porque lo que todos nos hemos hecho a nosotros mismos alrededor de este tema del dinero es en realidad una eliminación radical de nuestra brillantez fenomenal creativa.

Entonces, ¿qué te da el dinero en esta realidad? ¿Te da libertad? ¿Te permite hacer una buena elección? ¿Te da algo lujoso? ¿Qué más te da? ¿Risas?

Lo más probable es que estés pensando que te da seguridad, entretenimiento, lujos, etc. Y eso es lo que dijeron mis participantes en Maui.

Verdaderamente, esta realidad funciona por dinero, sin embargo tantas personas han mantenido el dinero lejos de ellos mismos por muchas mentiras diferentes. Y voy a abordar tres de estas mentiras que funcionan como un agujero en tu bolsillo.

Ahora, imaginemos el dinero. Personalmente, guardo bien mi dinero en la cartera, a menudo acompañado de billetes de cien dólares, todo sujeto por una pinza para billetes de oro de 14 quilates. Pesa bastante, ni siquiera el viento se lo lleva.

Cuando miro este dinero bien guardado, me siento feliz. Cuando lo tengo en la mano, me siento poderoso. Me siento creativo. Cuando hago un poco de la compra y utilizo parte del dinero, me siento mejor.

Cuando tengo este dinero en la cartera, sé que todo es posible. Cuando me miro al espejo, sé que todo es posible. Cuando miro al océano, sé que todo es posible.

Sin embargo, la mayoría de nosotros miramos el dinero y elegimos creer que todo es imposible a menos que lo tengamos.

Esta es la primera mentira del dinero: Muchos de nosotros creemos que este pedazo de papel tiene poder sobre nosotros, que es más fuerte que nosotros, más que nosotros. Que tiene autoridad sobre nosotros. Que nos posee.

Mira cómo lo estás mirando ahora mismo. Mira lo que está surgiendo en tu cuerpo ahora mismo mientras lo miras. Escucha a tu mente y lo que realmente estás diciendo mientras lo ves:

- *¿En qué estás pensando?*

- *¿Qué estás juzgando?*
- *¿Qué ha decidido?*
- *¿A qué conclusión ha llegado?*
- *¿Qué has calculado? Y...*
- *¿Hasta qué punto has configurado que el dinero es un dios de esta realidad ante el que debes inclinarte y jurar lealtad para tenerlo?*

Eso es mentira.

No hay nada que necesites hacer o ser para tener esto aquí. Simplemente necesitas elegir ser o hacer lo que es correcto para ti. Así que, esa es la primera mentira del dinero.

La segunda mentira es más o menos así: Supongamos que llevas tu dinero a una terapia de pareja. Pones el dinero en la silla -y tú tienes tu silla- y el terapeuta os dirige a ti y a tu dinero a mantener una conversación sobre vuestra relación de pareja, utilizando mensajes del tipo "yo".

Si te hablara, ¿qué te diría? ¿Le tratarías bien? ¿Es el amante que duerme en el sofá y, por tanto, no es realmente el amante?

¿Es el que te abandona y prefiere ir al bar a pasar el rato con sus amigos, en lugar de estar contigo? ¿O es el que te abandona y se va al bar para estar con sus amigos y no quiere estar con ella? ¿Podrías siquiera plantearte que el dinero fuera tu amante?

Esa es la segunda mentira de la que hablaremos, que el dinero es tu perpetrador, tu carcelero, y tú eres su esclavo. Y que, a menos que lo tengas, no puedes elegir más allá de lo que estás eligiendo ahora mismo. Que nunca te dará lo que necesitas.

En esta mentira, siempre la criticarás. Siempre serás escéptico. Nunca confiarás en ella. Querrás engañarla. Querrás darte un atracón con ella. Nunca la guardarás. Nunca la tendrás. Siempre lo gastarás. Nunca elegirás rodearte de él.

¿Te das cuenta de que hay un tema en todo esto? Este tema yace dentro de cada uno de nosotros, dentro de cada uno de ustedes.

Así que la primera mentira es que el dinero es dios y tú eres menos que él. La segunda mentira es que el dinero es tu perpetrador, tu eterno carcelero, y no puedes tenerlo.

¿Y cuál es la tercera mentira? ¿Puedes adivinarla?

Cuando hice esta pregunta en mi taller, todos los participantes tenían sus respuestas únicas, y ninguna de ellas era errónea. Así que respondieron con cosas como 'Nunca vas a tener suficiente dinero'.

'El dinero es malo'.

Hay que trabajar duro para conseguirlo'.

'El dinero no puede comprarme amor'.

Y todo esto es cien por cien exacto y cierto para la gente que lo siente y lo que es verdad en esta realidad. Estas mentiras forman sistemas enteros de creencias. Son juicios. Son cosas que hemos decidido, juzgado, concluido, computado y configurado nuestra realidad alrededor, incluyendo nuestras cuentas bancarias, nuestras relaciones, nuestros cuerpos, nuestros trabajos, nuestras tareas, nuestra ropa y todo lo demás.

Ellos determinan cuándo podemos ir a Hawai, cuándo no, qué comemos cuando podemos ir a Whole Foods o Safeway, o lo que sea.

Pero todos son sistemas de creencias.

La tercera mentira es que *el dinero es un problema*.

El dinero no es el problema, sino nosotros. Lo que pensamos de él, lo que proyectamos sobre él, lo que hacemos que signifique para nosotros, aquello por lo que nos definimos, lo tengamos o no.

Estas no son todas las mentiras del dinero, pero son las tres mentiras del dinero que me llegaron muy claramente a lo largo de mi viaje personal. Y constituyen el núcleo de este libro.

2

TOCAR FONDO

Ahora bien, tanto si me has visto hablar como si no me has visto nunca, probablemente sepas que suelo empezar con una estructura o un esquema de lo que voy a hablar, y luego, unos diez minutos antes de la clase, lo tiro a la basura porque conecto con la energía de lo que viene y de quién se presenta.

Escucho lo que los cuerpos, los seres -la energía de todos los participantes juntos- pueden oír y desean oír. Eso es más importante que cualquier esquema, al menos para mí, que se me pueda ocurrir. Y luego siempre, aunque lo haya desechado, lo vuelvo a atar en aras de la estructura y la coherencia.

¿Cómo lo hago? Parte de ello viene de mi licencia y títulos como doctora en psicología y terapeuta y como practicante de trauma y somática. Viajo internacionalmente, tengo un programa de radio y hago talleres -trabajo corporal, trabajo energético- por todo el mundo.

Pero hay un par de cosas más que me han distinguido para poder entrar en una clase, desechar mi esquema y hablar y hablar de lo que hay en la sala, y eso se basa en la energía. Para responder al cómo, permítanme compartir con ustedes algunas cosas que me han dejado marcas indelebles.

Hace unos 15 años, me diagnosticaron una enfermedad potencialmente mortal. Fue entonces cuando me di cuenta de que tenía un gran problema con el dinero. Si te pones enfermo, descubrirás que la asistencia sanitaria en Estados Unidos no cubre tus opciones naturistas. Podrías fácilmente cobrar tu jubilación, tu casa, tus inversiones, tu cartera, y así sucesivamente. Y eso es exactamente lo que elegí hacer conscientemente, y todavía estoy aquí.

Cuando me diagnosticaron por primera vez, el médico dijo que lo mejor que podía hacer era vivir con medicamentos el resto de mi vida, y que tendría que extirparme un órgano o dos, quizá tres o cuatro, una vez que se metieran dentro. ¿Quién lo iba a decir? Así que me dieron tres opciones: matarlo, vivir con medicación o que me lo extirparan.

Por aquel entonces, yo tenía unos 30 años, y le dije al endocrino: "Bueno, tiene que haber otra opción".

Nunca lo olvidaré porque él fue una de las principales razones por las que recurrí a los medios energéticos para curarme, cambiar y hacer elecciones diferentes en mi vida -posibilidades diferentes- en mi vida física, emocional, espiritual, financiera y energéticamente.

Me dijo que no había otra opción. Nada más era posible.

Así que me marché y no volví a verle, lo que me llevó por el camino del Theta Healing® Institute (ahora en Montana), donde estuve tres meses.

En tres semanas curé la enfermedad. Tardé un poco más en curar todo el cuerpo de todos los problemas. Esto se debe a que la sanación energética y la medicina natural consideran todo el cuerpo de forma holística.

Por otro lado, el endocrinólogo utiliza la medicina alopática para mirar a través del sistema endocrino solamente y unos pocos órganos y sistemas relacionados del cuerpo. No estoy hablando necesariamente mal de los endocrinólogos o de la medicina alopática. Todavía los uso. Esto es sólo mi experiencia.

Cuando hice esa elección y vi lo que podía pasar con la energía, supe que había algo más en esta vida que estaba pasando energéticamente. Así que tomé la decisión de cambiar toda mi práctica de ser un médico de la terapia tradicional de la psicología y sesiones semanales a una facilitación más grupo, el trabajo de energía, sanación energética, y entrar en los sistemas de creencias y las limitaciones por lo que pensamos psíquica y psicológicamente que crea la enfermedad y la enfermedad en el cuerpo.

Vale, ¿y cómo se relaciona todo esto con el dinero?

Necesitaba ganar más dinero. Me costó cerca de un millón de dólares curarme. Estaba muy enfermo. Estaba en la consulta del naturópata probablemente dos o tres veces a la semana, ocho horas al día, haciéndome pruebas de esto y aquello. Inyecciones, sueros, todo. Y al mismo tiempo, viajaba al instituto para obtener mi maestría - porque, por supuesto, necesitaba otro título.

Pero, mientras tanto, veía cómo esta cuenta seguía acumulándose y mi jubilación bajando. Vi cómo la casa y el terreno que quería construir, el plan y todo lo que me había propuesto para mi vida empezaban a venirse abajo a los 30 años. Pensé que era el final.

Y entonces llegó el verdadero final... Cero.

Puede que sepas a qué me refiero.

Mi saldo bancario, sí.

Llegué a ese punto "cero" y me aterroricé. Crecí en Nueva York. Mi padre trabajó muy duro cuando estaba en bienes raíces. Nos puso a través de la universidad. Siempre tuvimos un trabajo. Siempre trabajamos. Siempre tuvimos nuestro propio dinero. Siempre aprendimos. Nos enseñó cómo ahorrar, qué hacer, todas esas cosas.

No conocía el "cero"... nunca.

Llevo trabajando desde que tenía nueve años. Me encantaba repartir periódicos. Mi madre tenía una camioneta de madera y nos llevaba. En fin, era divertido. Y me encantaba la Navidad. Ya sabes, las propinas de Navidad.

Me encanta el olor del dinero. Me encanta el sabor del dinero. Literalmente, lo saboreo y lo huelo. En mis veranos en la universidad, trabajaba en el banco; todos los viernes, entrábamos en la cámara acorazada. Me sentaba allí y simplemente olía y respiraba el dinero.

Mi padre era empresario. Yo soy empresario. No he trabajado para nadie desde que tenía veintitantos años. Me dijo muy joven: "Lisa, no es sólo un mundo de hombres. Es un mundo de mujeres. Haz sólo lo que te gusta. Trabaja siempre para ti misma. Sé tu propia jefa y sal ahí fuera a ganar millones".

Era un chico pobre de Brooklyn. Consiguió una beca de fútbol para ir a la universidad, luego se alistó en el ejército y así también consiguió una educación. Era un inmigrante irlandés de segunda generación. Mi madre era una inmigrante italiana de segunda generación. Trabajar duro era parte de la cultura. La educación formaba parte de la cultura. Todos trabajaban en Nueva York, ese tipo de cosas.

En realidad me fui a California y me puse mis Birkenstocks en su lugar, pero el dinero era un amor mío. Tenía una historia de amor con el dinero. ¿Sabes cómo huele? ¿A qué sabe? Había algo en él. Y realmente se lo atribuyo a mi padre. Él me enseñó el poder de hacer tratos, de cumplir tu palabra y de colaborar con los demás.

Llegó a tener dieciséis o diecisiete edificios de apartamentos diferentes. Mi trabajo consistía en contar el dinero y ponerlo en montones sobre la mesa de su despacho en el sótano. No quería hacer otra cosa. No quería ir a ningún otro sitio. La gente puede ir a jugar. Pueden ir a jugar a disfrazarse. Pueden ir al centro comercial, hacer lo que les dé la gana, pero yo quería estar junto al dinero. Quería olerlo, saborearlo. Si pudiera ponerlo a mi alrededor, lo haría.

Luego llegué a los treinta y tenía cero en mi cuenta bancaria.

¿Dónde iba a vivir si esto seguía así? ¿Qué iba a comer? ¿Qué le iba a decir a mi madre? ¿Cómo iba a decírselo a mi padre?

Más concretamente, ¿cómo podía mirarme en el espejo? Quiero decir, en ese momento, yo tenía mi título de maestría. Yo era el coordinador terapéutico de un centro de tratamiento en Arizona. Lo tenía un poco todo junto.

Entonces enfermé.

Y cuando enfermas, todo tu mundo cambia.

Así que tuve que mirar ese "o" una y otra vez y tomar una decisión porque podía morir.

Podía irme a casa, que me iba a matar, pero podía irme a casa.

Podría acudir a un amigo. Podría venderlo todo.

Podía seguir yendo a trabajar. Podía trabajar más, pero era difícil trabajar estando enfermo.

¿Qué iba a hacer?

Fue entonces cuando empecé a preguntarme: "Vale, ¿cómo alguien tan sano de repente se pone tan enfermo?". No debo haber sido tan saludable. La enfermedad no aparece de la noche a la mañana. Puedes recibir un diagnóstico de la noche a la mañana, pero una enfermedad se desarrolla durante años y décadas. Así fue como el universo me dio las señales. En ese momento, supe que tenía que cambiar mi realidad, incluida mi realidad financiera.

Había mentiras por las que estaba viviendo que de alguna manera estaban creando esta enfermedad, actualizándose como una enfermedad en mi cuerpo - realmente un punto de elección para vivir o morir. Y todo fue porque la única cosa que nunca tuve me fue quitada.

Si no me hubieran quitado el dinero y no hubiera llegado ese 'cero': Yo no habría hecho caso. Habría seguido viviendo como vivía porque no había ningún problema, ¿verdad?

Al parecer, había un gran problema.

Para ser franco, tenía tendencia a atesorar dinero. Confieso que siento verdadero afecto por él. De verdad. Tengo la creencia de que cuando poseo y gasto dinero, estoy influyendo en la conciencia de algo.

Cuando me dedico a mi trabajo, el mundo entero cobra vida: India, Hong Kong, Taiwán, Hawai, California, Colorado, Florida y cualquier otro lugar en el que haya impartido clases. Cuando experimentas un momento de conciencia, ese momento "ajá", es dinero bien invertido en traerme aquí. Contribuye al crecimiento de la conciencia. Ni siquiera sé qué ocurrirá, pero aumentará mi cuenta bancaria de algún modo.

De hecho, me va a aumentar a todos los niveles: energético, psíquico, espiritual, psicológico, así como financiero. Lo quiero todo. Pero no sólo lo quiero todo para mí, lo quiero para todos.

Como dije antes, ustedes son las personas que requerimos en esta Tierra y que yo requiero que tengan dinero. Necesito que tengáis dinero. Deseo que tengáis dinero. No sólo para gastarlo sino para tenerlo, para cambiar la conciencia en este planeta porque tengo un objetivo más grande que las personas que veo por unas horas.

Mi objetivo es eliminar y erradicar todas las formas de abuso de este planeta y garantizar que todos los individuos puedan elegir vivir radical y orgásmicamente vivos.

¿Sabes cuántos abusos financieros hay en este planeta? ¿Cuántos de ustedes han sufrido abusos financieros? Aunque mi padre me enseñó todas estas cosas, también había una gran mentira en mi familia.

Fui modelo infantil en Nueva York, y hubo actos y acontecimientos incalificables en los que me vi obligada a participar a esa edad tan temprana. A la gente le pagaban por los actos en los que me obligaban a participar, y a mí no me pagaban.

Pero me costó mucho 30 años después.

No tienes que tener una historia extrema. Algunos de ustedes resonarán con lo que he dicho, y algunos de ustedes no tendrán ni idea de ello. No estoy diciendo: "Oye, ven aquí y ten estas experiencias".

Pero lo del dinero, sí, me gustaría que os bañarais con dinero. Póntelo y envuélvete en él. En realidad, esa es vuestra jugada casera: Id a por todos los billetes de cien o de cincuenta dólares que podáis. Pónganse un poco de pegamento y cúbranse con el dinero.

¿De acuerdo? Sólo hazlo y diviértete con ello. Puedes invitar a alguien, a quien quieras. Con suerte, si estás casado, es la persona a tu lado, pero tal vez quieras a alguien más a tu lado.

A eso me refiero: a una realidad radical, orgásmica y viva. El dinero no tiene por qué ser un tema tan pesado. En mi situación extrema, créeme, no fue divertido. Sin embargo, esto es lo que parece cuando uno se ha dado la vuelta y ha mirado, ha entrado y ha limpiado. Poder estar aquí y pensar que tengo algo que compartir. Tengo que girarme y mirar.

¿Y sabes qué? Hoy en día, es como si mi padre me hubiera hecho un regalo. Me enseñó que el dinero no tenía que ver con el género. No se trataba de dónde vienes, tu educación o formación. Ni siquiera se trataba de tener que trabajar duro.

Era elegir ser lo que querías ser.

Mi padre trabajaba duro y jugaba duro. He ido a más Super Bowls y a más eventos deportivos de los que podría contar. Mi padre era fan de los Yankees, así que íbamos todos los miércoles, viernes y fines de semana. Él era aficionado a los Giants de Nueva York. Los domingos estábamos allí. Hockey, New York Rangers, lunes, miércoles, viernes. Y nos arrastraba al Madison Square Garden, New York Knicks. Eso hacíamos.

Se lo contó a todos mis amigos. Mi hermano, mi hermana y yo teníamos que invitar cada uno a dos o tres amigos con sus entradas. Salía a la calle a comprar un asiento de 5 dólares en la grada para que todos sus hijos y sus amigos pudieran ir a los partidos. No era necesariamente porque tuviera mucho dinero; era simplemente la forma en que decidió vivir. Aunque ya no está con nosotros, estoy eternamente agradecido por esos momentos. En los 25 años que llevo ejerciendo la terapia a escala internacional, nacional y local, nunca me he encontrado con nadie a quien criaran de una forma tan singular en lo que respecta al dinero. Es una realidad poco común.

Pero cuando la enfermedad me golpeó y toqué fondo, me arrebató ese brillo, esa alegría, esa sonrisa contagiosa de la que hablo a menudo: todo se desvaneció cuando me enfrenté a ese cero financiero.

Podría haber sucumbido a ser una víctima, una persona que lucha contra la enfermedad, desesperada, dejándolo todo, sin ganas de ayudar a nadie, ni siquiera a mí misma. Podría haber optado por renunciar a la vida por completo.

Pero decidí abrazar la vida porque, independientemente de nuestras historias individuales o experiencias pasadas, por difíciles que hayan sido, seguimos teniendo el poder de elegir. La cuestión a la que nos enfrentamos es la siguiente: ¿elegimos vivir en una realidad definida por mentiras o en una construida sobre la verdad? ¿Nuestra atención se centrará en la abundancia o en la escasez? ¿Qué realidad quieres crear?

Entiendo que pueda sonar demasiado simplista. Créeme, lo entiendo, sobre todo cuando te sientes atrapado en arenas movedizas, atrapado en una mentira. La falsedad parece tan concreta que, sin darte cuenta, la recreas una y otra vez. Se solidifica, haciendo cada vez más difícil imaginar algo diferente.

Esta es la verdadera pregunta: ¿Estás sonriendo? ¿Encuentras la felicidad en abrazar las mentiras del dinero?

Si no es así, busca esa pequeña molécula dentro de tu cuerpo, esa inocencia infantil que mi padre me inculcó: una inocencia en torno a la creación, los negocios, el trabajo, la diversión, la alegría y la elección de ser mi propio jefe. No tienes que ser necesariamente tu propio jefe, pero puedes adoptar esa mentalidad aunque trabajes para otra persona. Se trata de elegir ver las posibilidades en lugar de centrarse en las limitaciones. Todo es posible.

Esto es un vistazo a mi historia, pero ¿qué hay de tus mentiras sobre el dinero? ¿Qué opciones podrías estar rechazando al abrazar las mentiras sobre el dinero que te dices a ti mismo... las mentiras que eliges activamente? ¿Y cuál es el verdadero coste de creer persistentemente en estas mentiras sobre el dinero? ¿Qué estarías haciendo si estuvieras sentado frente al ordenador como yo ese día, mirando el cero, asustado, planeando tu plan B, tu estrategia de salida?

Dada su situación financiera actual, ¿qué decisiones o creaciones podría tomar?

Y aquí está mi mentira favorita, y la pregunta: ¿la realidad financiera de quién estás viviendo?

Así que cuando estaba en mi punto más bajo, tuve que preguntarme: "¿Qué me gusta de estar a cero? ¿Qué me gusta de estar en un estado de drama y catástrofe? ¿Qué me gusta de estar enfermo? ¿Qué me gusta de morir? ¿De qué me muero por salir? ¿De qué estoy harto?".

No "¿Puedes llevarme a tomar un café porque no tengo dinero y estoy muy asustada, y mi jefe es una zorra, y no puedo ir con mis padres porque sabes que me odian y lo usarán en mi contra el resto de mi vida... y, y, y...".

Nada de eso.

Para comprender realmente tu situación, debes preguntarte: "¿Qué estoy haciendo para crear esto? ¿Qué decisiones estoy tomando que perpetúan estos patrones? ¿Por qué estoy adoptando comportamientos que me dan ganas de rendirme? ¿Cómo me dejo engañar? ¿Qué acciones estoy llevando a cabo que limitan mi potencial?".

Esta autoindagación es el trabajo desafiante que da lugar a las mentiras y al autoengaño. Las narrativas que construimos actúan como lentes tintadas de negación que nos protegen de enfrentarnos a la verdad. A menudo preferimos mantener una fachada de superioridad y tener razón antes que ahondar en la realidad que se esconde tras el telón.

Personalmente, valoro enfrentarme a la verdad. Quiero mirarme en el espejo y reconocer la autenticidad en lugar de inventar historias. Incluso cuando me sorprendo inventando historias, las acepto con honestidad. Por ejemplo, si aflora la ira, hago introspección y me pregunto: "¿Dónde he mostrado yo un comportamiento similar?". Cuando surge el juicio, reflexiono: "¿Dónde he experimentado ese juicio?".

Me esfuerzo por ir más allá de estas construcciones limitantes, aprovechando los desencadenantes en mi beneficio y convirtiéndolos en oportunidades de crecimiento personal y financiero. Más adelante compartiré algunas técnicas para lograrlo.

Ahora bien, hablar de estos aspectos en mi programa de radio semanal a una audiencia de 205.000 personas en todo el mundo requería valentía. A pesar de mis credenciales en la comunidad sanitaria, especialmente con prácticas como Theta Healing®, que implica trabajar con la energía creativa del universo, reconozco que adoptar enfoques poco convencionales puede resultar desalentador.

A pesar de poseer licencias y títulos en el ámbito de la salud convencional, adopto una perspectiva más amplia. Estas credenciales, aunque valiosas, no me encierran en una caja estructurada. Por el contrario, sirven como activos, atrayendo el interés de un público global y abriendo puertas a la colaboración y las oportunidades. No se trata de presumir, sino de subrayar la importancia de aprovechar en beneficio propio todas las capacidades y ventajas que uno posee.

En esencia, todo el mundo posee algo valioso. Se trata de reconocer y utilizar esas cualidades únicas para crear una realidad más allá de las limitaciones.

Cada uno de ustedes es pulcro y brillante. Escribí mi tesis sobre esto, así que lo sé. Se llama impresión del alma, igual que nuestra huella dactilar es única para cada uno de nosotros. Esa es la huella de tu alma. Cada uno de vosotros tiene una huella de alma única que imprimir en los labios de la realidad.

El mío forma parte de lo que estoy haciendo hoy aquí. La tuya es lo que hagas o seas -o lo que te niegues a hacer o ser-, pero la tienes.

3

¿DE QUIÉN ES TU REALIDAD FINANCIERA?

Entonces, ¿cómo puede uno hacerse cargo de su realidad a todos los niveles, desde lo más profundo de su mente hasta el mundo físico tangible que vive a diario? Podemos empezar por la mente. De hecho, en mi taller, una de las participantes hizo esta pregunta crucial. Me dijo: *"Bueno, estaba pensando en el problema subconsciente que hay detrás del dinero, por no decir que tengo problemas de dinero. Siempre se puede conseguir más dinero, y yo podría conseguirlo fácilmente, así que estaba pensando qué podría frenarme, aunque me hiciera esas preguntas y esas cosas. ¿Cómo lo haría?"*

Su pregunta era fundamental, y la respuesta está en hacerse otra pregunta fundamental: ¿De quién es tu realidad financiera?

Antes de hacerte esta pregunta, observa si tu cuerpo está ligero o pesado. Y observa el cambio que esta pregunta produce en tu cuerpo.

Cuando planteé estas preguntas en mi taller, los participantes dieron respuestas únicas.

"Vale, ¿entonces de quién es la realidad financiera que estás viviendo?"

"Mi tío".

"Mi padre"

"Mi padre"

"Mi talento"

Y con sus respuestas, cada uno sintió un cambio en su energía. Algunos sentían más calor, otros más frío, algunos se sentían ligeros, otros pesados. Era una sala llena de cambios energéticos; así de poderosa puede ser una sola pregunta.

Entonces, lector mío, ¿de quién es tu realidad financiera?

Identifica lo que eso te suscita y trata de distinguir entre la verdad y la(s) mentira(s). Las mentiras que han sido tejidas por el mundo que nos rodea, por nuestros sistemas escolares, nuestras madres, padres y jefes.

Estas mentiras influyen en gran medida en la configuración de nuestra realidad financiera.

Así que, si tu realidad financiera es tuya, estupendo. Pero, en todas partes donde tu realidad financiera tiene un límite o un tope, eso es todo lo que puedes tener y no más. Donde has decidido: "Es mío. Es mío. Es mío. Es mío. Es mío. Es mío. Y eso es todo lo que puede ser".

Pero tenemos que acabar con esta mentalidad, y ya saben por qué. En mi taller, los participantes consideraron que esto es limitante. Uno de ellos observó muy sabiamente: *"Nos limitamos a nosotros mismos al considerar que algo es nuestro, y eso lo fija en todo lo que puede ser y nada más...".*

Y así es, es como, "No nos vamos a mover. Esto es mío y ya está". Bueno, cualquier cosa que sea tuya y "eso es todo" tiene un poco de superioridad. Y cualquier cosa con superioridad podría parecerse un poco a Donald Trump.

Sé que esto suena a superjuicio, pero la cosa es así: Donald Trump tenía millones de dólares y los perdió. Millones de dólares y los perdió. Millones de dólares y los perdió. No, no voy a votar a Donald Trump cuando digo esto, ¿vale? Aquí es donde me extiendo y pienso, vale, no me gusta, pero ¿qué puedo aprender de él?

Y pienso en su negocio. No le conozco, pero pienso: "¿Qué puedo aprender de alguien a quien no aspiro a parecerme, a emular en nada o incluso a quien no me gusta mirar? ¿Qué puedo aprender de él? Hay algo con lo que tiene brillantez sobre el dinero y los negocios".

No necesito tener dinero y ser así, sino que puedo recibir molecular y celularmente algo que desconozco. Él es de alguna manera mejor que yo en el dinero, y yo quiero ser mejor por mí mismo para poder cambiar el mundo desde mi realidad financiera.

La realidad financiera de cada uno tiene algo que enseñarnos. Si tú tienes algo que enseñarme al respecto, lo permitiré y lo recibiré de ti.

O si no te gusta alguien, mira donde te cierras y lo alejas. ¿Sabes que cada juicio que recibes y cada juicio que permites que te atraviese aumenta o disminuye tu cuenta bancaria? Tus juicios sobre ti mismo y sobre los demás permiten el flujo de dinero o lo rechazan. Imagina cuánto dinero habrías ganado si no hubieras permitido que los juicios limitantes obstruyeran el flujo de energía que es el dinero. Sin embargo, todos nos encontramos juzgando las cosas de una manera limitante.

Cuando pregunté a los participantes en mi taller qué juicios tenían de sí mismos, respondieron con diferentes respuestas con las que creo que muchos de nosotros podemos identificarnos.

"Creo que soy más horrible conmigo misma. Soy muy bueno con los demás, pero no conmigo mismo, y ahí es donde se abre."

"No soy lo suficientemente bueno".

"Puedo hacerlo mejor".

"Me siento un fracasado".

"No soy lo bastante bueno. Puedo hacerlo mejor y a veces es difícil decirlo".

Al pensar y compartir estos juicios sobre sí mismos, los participantes estaban descubriendo mentiras en las que habían creído. Y esto en sí mismo es una liberación somática. Tú también puedes hacerlo y darte cuenta, en un instante, de cómo saca a la luz tus invenciones y mentiras sobre ti mismo que, en realidad, te están frenando a la hora de alcanzar tu verdadero potencial, incluso económico.

Reflexionando sobre experiencias pasadas, recuerdo un momento transformador durante el taller de Maui en el que guié a un participante para que reconociera su excelencia en el fracaso. Les dije que dijeran: "Soy el mejor fracasando", en lugar de decir: "Soy un fracasado". El contraste entre declarar "soy el mejor que conozco fracasando" y la etiqueta autodestructiva de "soy un fracasado" puso de manifiesto su inclinación a utilizar el fracaso como escudo para pasar desapercibido. Se hizo evidente que la elección de identificarse como fracasado servía al propósito de permanecer pequeño y evitar la visibilidad.

El participante admitió que minimizaba la bondad de su vida por miedo a la envidia de los demás. Se dio cuenta de que, al ocultar sus verdaderos sentimientos y logros, estaba perpetuando una mentira, obstaculizando no sólo su expresión auténtica, sino también limitando el flujo de abundancia en su vida.

Pero antes de dejar que otros se apoderen de tu vida con sus celos, juicios, críticas o simplemente siendo inseguros, piensa en el poder que TÚ tienes. ¿Y si lo que dices inspira a alguien a tomar una decisión diferente? ¿Y si mostrarte como eres inspira a alguien a tomar una decisión diferente? ¿Cuánto dinero más te haría ganar eso a ti, y cuánto dinero más les daría eso a ellos mientras se extiende la abundancia en el planeta?

Vosotros sois los que podéis cambiar el mundo.

Vosotros sois las personas a las que el dinero tiene que estar en manos porque con vuestra conciencia, cambiaréis la realidad en este planeta. El cambio de un grado que hagáis ahora mismo, que es pasar de la invención y la mentira a la verdad de abrir la luz, la diversión y la libertad, cambiará vuestra realidad financiera.

Como decía mi padre: "Sé tu propio jefe. No es sólo un mundo de hombres. No es sólo un mundo de mujeres. Haz lo que te gusta. Vas a trabajar para alguien, ámalo. ¿Quieres ser tu propio jefe? Sé tu propio jefe".

Entonces, ¿qué es lo que puedes elegir ahora mismo y que nunca has decidido elegir? ¿Qué elegirías hacer fuera de tu zona de confort?

Antes de tener una consulta completa, no tenía ni un cliente. Tenía una oficina, así que iba a mi despacho y fijaba mis citas en mi agenda. No había gente, y me limitaba a escribir "Clientes increíbles" en la agenda de 60 o 90 minutos. Me sentaba en mi despacho durante ese tiempo, me tomaba un descanso después de los 60 o 90 minutos y volvía a entrar. Creaba mis tarjetas de visita, folletos, paquetes, o llamaba por teléfono y le contaba a la gente lo que estaba haciendo.

A veces, visitaba una librería, sacaba algo para un taller de grupo, iba a otra clase o a un curso de formación. Y cada vez que alguien me llamaba, rellenaba el hueco con el nombre de la persona, que sería la sesión.

Seguí y seguí porque decidí no tragarme la mentira de que si salgo ahí fuera, alguien se va a sentir mal. En lugar de eso, me creí la verdad de que si yo salgo ahí fuera, alguien más saldrá ahí fuera. Algo va a inspirarles a colaborar conmigo.

Eso es superar la mentira.

Para superar la mentira, tienes que actuar. Tienes que hacerlo.

4

¿QUÉ QUIERE EL DINERO?

Trabajo con mucha gente que opera en los mercados financieros. A veces, se atascan y siguen con la misma operación. No quieren dejarlo o pierden. Piensan que es un fracaso en lugar de moverse. Cuando la verdad es que si no está funcionando y se está volviendo pesado y denso, debes moverte. Corta tus pérdidas y muévete. Ellos lo conseguirán, y tú lo ganarás en el momento siguiente, en otro lugar, pero nunca aparecerá como crees que lo hará. Así que no puedes usar la cabeza.

Cuando tu mente está en sincronía con tu cuerpo, experimentas una mayor sensación de libertad. En mi vida personal y profesional, doy prioridad a la escucha. Presto atención a la sensación de ligereza, ya que significa la dirección correcta para mí. Si algo me parece denso, pesado o demasiado complicado, y si me encuentro repetidamente con obstáculos, no me empeño en luchar contra ellos. En lugar de eso, reconozco la necesidad de reevaluar y explorar caminos alternativos. No sigo dándome cabezazos contra la pared.

Digo: "Tengo que hacer más preguntas. Necesito ir a otro sitio". Entonces pregunto: "¿Quién o qué puede facilitar esto de inmediato? ¿Dónde tengo que ir? ¿Con quién tengo que hablar? ¿Quién puede ayudarme? ¿Qué otra información necesito? ¿Quién tiene esa información?".

No sé cómo sucede, pero siempre consigo una solución de alguna manera. Recibo un correo electrónico o un mensaje de texto. Veo algo en el ordenador. Leo algo en el correo, o hablo con un amigo, y me dice: "Oye, esta persona está buscando eso", y es exactamente lo que necesito. Así es como encontré a mis contratistas para mi negocio.

Así que la próxima vez, en lugar de preguntar si debería ir aquí o allá. Sólo tienes que salir y hacer más preguntas. Sólo necesitas más información.

Recuerde que su empresa es una entidad propia; trátela como trataría a otra persona. Tu negocio tiene un propósito y unos objetivos; debes comunicártelos. Mi negocio se llama Vive tu rugido. Tiene su propósito. Tengo un objetivo. Lo he escuchado, y allá donde me muevo en mi negocio, siempre le hago preguntas.

Así que necesita más información empezando por aquí. Hágase preguntas como:

¿Qué otra información puedo añadir aquí?

¿Quién tiene esa información?

¿Dónde puedo obtener esa información?

¿Qué puedo hacer?

Pregunte a su empresa:

¿Qué le apetece hoy?

¿Cuál es tu objetivo?

¿Qué es lo que requiere más atención?

¿Dónde puedo ayudar a ganar más dinero?

¿Qué tengo que crear para ello?

¿A quién tengo que contratar?

¿Con quién más tengo que hablar?

¿Dónde tengo que ir?

¿Cuánto dinero necesito realmente?

Crear un fuerte vínculo de confianza con tu empresa y llegar a conocernos. Eso es lo que yo llamo "vitalidad radical".

Hay cuatro C's para la vitalidad radical: Elegirte, Comprometerte contigo, Colaborar con el universo que conspira para bendecirte, y luego Crear tu vida a partir de ahí.

Estos son los cuatro principios tuyos y los cuatro principios de la empresa. Elige por ti, comprométete contigo. Colabora con el universo que conspira para bendecirte y luego cread y avanzad juntos.

Hago un programa de radio llamado Más allá del abuso, más allá de la terapia, más allá de cualquier cosa, ¿verdad? Llevamos dos años y medio en antena. En las primeras 13 semanas, estuvimos entre los tres primeros en el top ten del Empowerment Channel, y nos hemos mantenido entre los cinco primeros desde el inicio del programa.

He escuchado ese negocio todos los días. Esta mañana, me levanté, hice un programa de radio en vivo, y escuché el negocio.

Cada semana tengo que crear un programa en directo: contenido nuevo y original, una descripción del programa, citas de las redes sociales y temas. Escucho y digo: "Vale, Tierra, universo, mundo, 205.000 personas escuchando, ¿de qué queréis oír hablar?".

Bam.

No me meto en la cabeza y digo: "¿Qué tengo que hacer para Voice America?". Me pregunto: "¿Qué energía está llamando a que se hable de ella ahora?".

¿Qué te está pidiendo el negocio? Literalmente, quizá sea eso lo que te está dando vueltas en la cabeza: que te pongas en contacto con lo que ahora está fuera de ti.

Su empresa es una energía y una entidad en sí misma.

Que se eleve. Que ruja. Saca tu cabeza de los resultados y métela en las posibilidades. Será fácil dibujar y actualizar las personas, los lugares, las situaciones y los acontecimientos que corresponderá que colaboren en tu favor.

Curiosamente, hay ocasiones en las que, debido a nuestras mentiras sobre el dinero, nuestro entorno se opone a nuestros objetivos. Se convierten en limitadores. En mi taller, una de mis participantes se enfrentaba al mismo dilema. Así que cuando hablé de dejar que nuestro negocio y nuestro dinero se disparen, me hizo una pregunta que describía su situación.

Esto es lo que dijo: *"Tiene sentido cuando hablas de si le gustas a tu dinero. Tengo en mente la imagen de una relación en la que aparezco muy sexy con una colonia de 300 dólares. Pero luego nos sentamos a hablar y es como: "Oh, ¿sigues haciendo esto? ¿Tu madre sigue así? ¿Sigues fumando cigarrillos?"*

Al enterarme de su situación, le pregunté si ella y su visión se estaban juzgando mutuamente. ¿O sea que os estáis juzgando mutuamente? Y ella respondió:

"No sé si me está juzgando, pero es como: "Te quiero, pero no si sigues haciendo esto. Es como "Te quiero, y tienes que aparecer así y así".

Estaba claro que su amor estaba enredado en expectativas y condiciones. Era un amor condicional, un amor con el que nunca nos conformaríamos con una pareja, pero que aceptamos cuando se trata de dinero.

Fue entonces cuando decidí explorar los sentimientos de la participante relacionados con el control, la superioridad y la reticencia a recibir alegría. Ella negó ser una persona controladora y afirmó ser libre en otros aspectos. Así que le hice otra pregunta importante: "¿Qué te gusta de las condiciones?". Y fue entonces cuando las cosas empezaron a despuntar; mencionó que para ella es un "asunto de superioridad".

Esta relación condicional que tenía con el dinero en realidad estaba constriñendo su alegría, y sin embargo se había dicho a sí misma la mentira de que la hacían superior. Y había estado constriñendo su alegría desde que tenía siete años.

Pero justo cuando descubrió las mentiras que se había contado a sí misma e hizo un ejercicio de respiración, pudimos crear un cambio fisiológico y psicológico de un grado que ella necesitaba. Cuando comprendió que había estado alejando la alegría de ella desde que tenía siete años, se movió para hacer un cambio.

Así es como se perpetúan nuestras mentiras sobre el dinero, que conducen a conflictos internos y a la falta de abundancia. Y todo lo que necesitamos es un cambio de un grado.

5

EL PODER DEL JUICIO

Los humanos, somos seres valientes, sin embargo, el dinero no es necesariamente un tema divertido de discutir para la gente. Ahora que he compartido contigo algunas mentiras sobre el dinero, voy a ver si consigo dispararte un poco y, en algún momento, puede que te rías y saques a relucir lo que realmente te ha traído aquí para estar leyendo este libro. Para ser inquisitivo sobre el dinero.

Después de más de veinte años trabajando en la profesión mental, dirigiendo talleres a nivel local, nacional e internacional, lo que he aprendido es que hay tres razones por las que la gente acude a hacer trabajo personal para el cambio y la transformación:

1. Salud: se produce alguna crisis.

2. Relación: ruptura, separación o divorcio.
3. Dinero: dificultades en los negocios o no llegar a fin de mes.

Después de un tiempo, me volví muy buena trabajando con la gente en el área de las relaciones y en el tema de la salud, yo incluida. Pero todo este tema del dinero seguía royéndome a mí, a mis clientes y al mundo. Decidí centrarme en esto para ver qué más puedo aportar a este tema sobre el que la gente está haciendo talleres y escribiendo libros.

Fue una especie de estiramiento para mi persona de branding. Si no sabes lo que es una persona de branding, te dice dónde tienes que meter tu nicho y luego te mete en una caja, y se supone que tienes que quedarte en ella y no salirte de ella.

Para los que acabáis de conocerme, es como aquello de Dirty Dancing: "Nadie pone a Baby en una esquina". Definitivamente, a mí no me meten en una caja; no hay caja que me quepa.

Cuando empecé a ramificarme en este tema del dinero, estaba haciendo talleres, tele-llamadas, mi programa de radio Voice America, junto con sesiones individuales, sesiones de coaching y sesiones VIP con la gente.

Pero al mismo tiempo, mi padre falleció hace unos años, y me encontré con una situación financiera en la parte superior de mi gran cantidad de otras cuestiones.

Me di cuenta de mi ceguera ante la realidad del dinero, y me pareció una locura. Aquí estaba yo, tratando de averiguar cómo ayudar a otros a arreglar su relación con el dinero, y sin embargo estaba ciego a mi propia realidad financiera.

Así que empecé a fijarme en las decisiones que he tomado sobre el dinero, en lo que he hecho que el dinero signifique para mí: cómo lo he hecho tan significativo, cómo era mi Dios, cómo era la forma en que recibía amor o cómo me sentía conmigo misma si tenía dinero. No me sentía bien conmigo mismo si no tenía dinero.

Y entonces empecé a preguntarme: "¿Qué hay más allá?".

¿Qué es eso del dinero con lo que todo el mundo tiene algún problema? Hay de todo.

He tenido mucho dinero y no he tenido dinero. Y tengo una comunidad muy grande de gente con mucho dinero, y tienen tantos problemas con el dinero como la gente sin dinero.

No importa si no tienes nada, miles de millones, millones o cuatrillones. Sigue habiendo problemas con esta cosa llamada dinero, así que nadie escapa a ellos.

Luego, cuando falleció mi padre, me puse a pensar: "¿Qué es esto? ¿Qué significa esta cosa llamada dinero que todo el mundo decide no disfrutar?".

E incluso cuando lo disfrutan, siempre temen: "¿Cuándo voy a perderlo? ¿Cuándo voy a dejar de tenerlo?".

Hay todo tipo de síndromes, por ejemplo, 'fiesta o hambre', 'mentalidad de trabajar duro/sirviente' o 'trabajar duro, no puede ser fácil'. O, 'soy como un campesino y siempre seré propiedad de algo', y 'tengo que trabajar para otro porque no puedo salir por mi cuenta porque, si salgo por mi cuenta, ¿cómo voy a valerme por mí mismo o dejar que otro me valga?

Todo esto ocurre en esta realidad y también en mi interior.

Cuando falleció mi padre, perdí literalmente todo acceso a todo. Me lo quitaron por completo y no me quedó nada. Sé que te estarás preguntando por qué tenía acceso a la cuenta de mi padre. Permítanme explicarlo un poco más adelante.

Recuerdo que estaba en una gasolinera y metía la tarjeta en el surtidor para echar gasolina, como hacía normalmente. Nunca me lo había pensado dos veces. Eso no quiere decir que no hubiera tenido problemas de dinero o de falta de fondos en mi paso por este planeta, pero en aquel momento no había nada.

Pensé: "¿Cómo voy a pagar esto? ¿Y cómo voy a vivir?".

Nunca había tenido que pensar así porque siempre tuve a mi padre. Me lo ponía muy fácil y siempre era alguien que decía: "¿Qué te apetece?". Nunca sabía cuándo llegaría, y siempre era una especie de broma: "Muy bien, bajaré al sótano, sacaré la imprenta y lo tendrás en tu cuenta". Él era mi cajero automático, mi tarjeta de débito, en muchos sentidos: sin código pin, sin contraseña, sólo pedir y recibir.

Fue lo más fácil que he experimentado, pero era de otra persona. Ustedes entienden eso, ¿verdad? No tenía nada que ver conmigo; estaba fuera de mí.

Y cuando se fue, me quedé allí en esa gasolinera como si nada, pensando: "No tengo ni idea de lo que significa tener dinero, de lo que significa realmente ahorrar dinero, o planificar un futuro con dinero al nivel que sabía que realmente necesitaba porque todo estaba amortiguado por otra persona".

¿Estaba cerca de mi padre? ¿Vivíamos cerca? No, estaba al otro lado del país. De hecho, rara vez nos veíamos o hablábamos por teléfono. Así era la relación, y la distancia era bastante grande, pero estaba bien. Era lo que hacíamos.

Desde muy joven me dijo: "Lisa, no es sólo un mundo de hombres. Es un mundo de mujeres. Sé tu propia jefa, haz lo que te gusta y nunca te conformes, gana tu propio dinero, sé feliz".

Así que lo hice, y me lo puso fácil, aunque eso no significa que no trabajara duro de la mañana a la noche. Me encantaba y disfrutaba con lo que hacía, ayudar a la gente.

Luego, avanzando rápido, su muerte me puso en la cara que: "Oh, sólo puedo llevar a la gente tan lejos como me he llevado a mí mismo". Era un bolsillo ciego que no se descubrió hasta entonces. Ni siquiera sabía que estaba enfermo, y falleció cuando yo estaba en el extranjero sin que me despidiera de él más que por el móvil, lo cual fue perfecto. La verdad es que es una historia preciosa.

Quería que estuviera donde estuviera, haciendo lo que me gusta, viviendo mi vida. No necesitaba estar allí. Puede que a algunos les suene a justificación, pero para mí ha sido algo que he encarnado de verdad.

Si sabes algo de mi historia, las otras cosas que pasaban en casa no eran tan fáciles, así que tenía un poco de derecho. Era como, "Maldita sea, teniendo en cuenta las 2 ½ décadas de abuso y violencia que sufrí en mi infancia, desde sexual a financiera, a física, a emocional, a psíquica, a energética," tener un poco de facilidad - un padre que no requiere una contraseña o un código PIN para un cajero automático - bueno....

Sentía que me lo merecía, dado lo que había sufrido.

Me sentí muy agradecida por esa experiencia, porque él estuvo a mi lado desde el principio, y luego, incluso en su muerte, me lo echó en cara: "Una vez que me haya ido, ¿a quién tienes?".

Y entonces me di cuenta de a quién tenía; así cambió mi situación económica.

Me tenía a mí.

Me lo habían quitado todo; todo el dinero y el acceso al dinero que había tenido en mi vida a través de mi padre me lo habían quitado por completo con su muerte. Me quedé allí, sin acceso a dinero en efectivo, sin acceso a cuentas bancarias, tarjetas de crédito, nada. Aquel día, en la gasolinera, supe que mi padre había muerto y que no había nadie en el planeta en quien pudiera confiar para que me ayudara económicamente.

La única persona, la única cosa que tenía era yo, y tenía que hacer algo completamente diferente. Aquí es donde me enfrenté directamente a las mentiras del dinero: todo lo que había creído, la persona que desarrollé en torno a él, la seguridad que supuestamente existía a través de él... todo ello.

Solía llamarme Li-li. "Claro, Li-li, bajaré al sótano e iré a la imprenta, te imprimiré dinero y estará en tu cuenta".

Nunca sabía cuándo iba a llegar. Podían ser dos semanas, un mes, tres meses o el día siguiente, pero siempre lo veía en mi cuenta. Así funcionaba con él.

Estaba en estado de shock, mirando a mis espaldas y pensando: "¿Qué significa cubrirse las espaldas con dinero? ¿Qué significa realmente cubrirse las espaldas y plantarse en el mundo y no depender de nadie, no proyectarse en nadie, no tirar de nadie, no chupar de nadie, no victimizarse para conseguir dinero, no defenderse de la autoridad, ni siquiera alinearse con la tragedia o el trauma o el drama de tu propia historia? Porque, créeme, si quieres sentarte a hablar de la historia, yo tengo una".

Recuerdo que pensé: "Vaya, esta va a ser la primera vez que encarne mi realidad financiera".

No sabía que el fallecimiento de mi padre no me dejaría otra opción que valerme por mí misma, que iba a ser yo la que me encarnara y supiera lo que se siente, huele y sabe cuando me cubro las espaldas y dejo atrás por completo la historia de la víctima, del trauma y el drama, de la catástrofe.

Poco me imaginaba que mi pasado abusivo mientras crecía, las dos décadas y media o tres décadas de abusos a los que me sometí y sufrí, serían el faro brillante a través del cual mis propias mentiras con el dinero saldrían a la luz y me llevarían más allá de la jaula de la destrucción y la muerte y la escasez, gastando pero sin tener, y consiguiendo mucho dinero porque siempre había ganado mucho dinero pero nunca me había permitido conservarlo.

Todos los demás eran más importantes.

A la gente que tenía una relación conmigo le fue muy bien. Créeme, siguen preguntando. Hace poco le dije que no a alguien por primera vez en mucho tiempo. Le dije: "No, sólo te di algo de dinero. Devuélveme ese dinero a través de un plan de pagos, y luego hablaremos". Ese es mi neoyorquino saliendo. Pero eso es lo que se siente al cubrirse las espaldas y decir sí cuando realmente es un sí y no cuando es un no.

6

EL ASCENSO DE MÍ

La muerte de mi padre catapultó mi negocio, mi ser, mi cuerpo y el trabajo que iba a hacer en el mundo para despertar financieramente, y poco sabía que me iba a desencadenar viviendo mi realidad financiera por primera vez.

Lo que se desarrolló es lo que ahora llamo la jaula del abuso, la vitalidad radical, y el puente para facilitar el acceso a esa vitalidad.

La jaula del abuso es lo que yo llamo las "4 D": Negar, Defender, Disociar, Desconectar.

En la historia que te conté, ¿puedes ver toda la negación en la que vivía de lo que mi padre me regaló de forma tan natural? La defensa contra ser y tener mi propia espalda, la disociación de permitirme tener el dinero para mí como si lo mereciera y lo hubiera creado.

Por aquel entonces, yo era la persona con la que querías salir. Ponía un par de cientos de dólares sobre la mesa y, cuando nos acabábamos ese dinero, ponía mi tarjeta de crédito sobre la mesa. Mis amigos y yo nos lo pasá-

bamos de maravilla todos los jueves, viernes, sábados y domingos por la noche. Me sentía tan generoso, como mi padre.

Todo ello me llevó a esta jaula de abusos en torno al dinero, donde era tan limitante y tan constrictivo que podía trabajar duro, ganar mucho dinero... pero nunca podría conservarlo.

Lo tenía durante un tiempo. Era como el síndrome de "atracón y purga". Comía mucho y luego decía: "La-la-la-la-la-la-la" y luego: "Muy bien, ahora tengo que volver a hacerlo".

Fiesta o hambre.

Había estado ganando dinero y no dependía total-mente de mi padre, pero tenía cero respaldo en lo que se refería a mi dinero. No tenía ningún sentido del ahorro ni de guardar el dinero en el bolsillo.

Pasando a la vitalidad radical, me desperté en aquella gasolinera. Sin poder pagar nada, pensé: "Tengo que elegir por mí. Tengo que comprometerme conmigo y con mi realidad financiera".

En algún momento había oído: "Pide y recibirás". Así que, tal y como yo lo veo, el Universo conspira para bendecirme. Es parte de las "4 C": Comprométete conmigo, Elige por mí, El Universo conspira para bendecirme y quiere Colaborar conmigo, y luego Crea.

Eso es lo que yo llamo vitalidad radical, y pasas de la jaula a la vitalidad radical a través de las "4 Es", para que te resulte más fácil: Abrazar, Examinar, Incorporar y Expandir.

Abraza lo que sea que esté pasando, Examina con una tenacidad de conciencia y verdad. Recuerda, sólo puedes llevarte a ti mismo tan lejos como te permitas ir y ver, y sólo puedes llevar a otra persona si trabajas con otras personas tan lejos como tú has ido. Ellos no pueden ir más allá de ti si tú no lo has hecho.

Así que estoy agradecido por todas las mentiras de dinero que llegaron a través de la familia de mi padre, muy pobre, de Brooklyn, carente de educación y alcohólica, y por las que me fueron regaladas a través de su fallecimiento.

No lo supe hasta entonces por ser quien era. Decía: "Yo nunca tuve nada, vosotros lo tenéis todo, quiero veros usarlo y ser felices mientras yo viva". Y eso es exactamente lo que hizo.

7

CREENCIA Y REALIDAD

¿Sabes que tus creencias también crean tu cuerpo y la forma que tiene tu cuerpo? ¿Y sabes que tus creencias también crean tu realidad financiera?

¿O es que alguna vez te has sentido atascado, como si la pantalla del ordenador se tamponara? Básicamente, cuando nos sentimos atascados, son nuestros puntos de vista los que están atascados. Puede que hayas hecho movimientos laterales y cambios laterales, pero nunca has ido más allá de esa constricción y esa limitación.

Se mejora, pero nunca se supera.

Y eso se llama sobrevivir y prosperar, pero nunca vivir radicalmente vivos. Entonces, ¿cómo salimos de esto?

Una vez más, un cambio de un grado es todo lo que buscamos.

Y cuando piensas ahora mismo y percibes todos los juicios, las decisiones, las conclusiones, los cómputos, las configuraciones, las separaciones, las guerras, los traumas, los dramas, las catástrofes en el mundo entero ahora mismo con respecto al dinero, un cambio de un grado en este planeta es enorme. Tiene la capacidad de girar el mundo sobre su eje.

¿Cuántos de ustedes creen que hay que trabajar duro para ganarse el dinero? ¿Cuántos de ustedes creen que no hay mentira, que es la verdad absoluta?

Ahora, consideren esto: ¿Cuántos de vuestros cuerpos creen de verdad que no hay falsedad, que es una realidad incuestionable? Aunque su mente reconozca que ganar dinero no siempre requiere un trabajo extenuante, puede que su cuerpo no esté de acuerdo.

¿Crees que la noción de trabajar duro por tu dinero es únicamente una construcción mental, sin relación con tu cuerpo? Cuando la mente y el cuerpo tienen creencias opuestas, se crea una realidad conflictiva.

Permíteme que te haga algunas preguntas. Mientras te hago las preguntas, presta atención a lo que ocurre en tu cuerpo. Si te sientes ligero, expansivo y con una energía fresca, eso es un indicio de la verdad.

Por el contrario, si percibe densidad, constricción o sus pensamientos se desvían hacia los planes posteriores a la sesión y el deseo de marcharse rápidamente, puede que esté descubriendo lo que percibe como verdad pero que, en realidad, es una falsedad. La constricción densa significa una mentira, mientras que la expansión, una energía burbujeante y un ambiente fresco apuntan a la verdad.

Entonces, sinceramente, ¿reconoces tener una realidad conflictiva sobre el dinero? Esta realidad conflictiva es la mentira a la que te adhieres, y acatar una mentira perpetúa su existencia.

¿Cuántos de ustedes han experimentado conflictos relacionados con el dinero en sus relaciones de pareja? Eso es precisamente a lo que me refiero con una realidad conflictiva. La adhesión de tu cuerpo a las mentiras da forma a tus realidades conflictivas, estableciendo una realidad vibracional que te confina, creando una jaula autoimpuesta en torno al dinero. Esta construcción, a menudo confundida con creación, es, en realidad, destrucción y no tiene nada que ver con elegir por ti mismo, comprometerte contigo mismo o colaborar con el Universo para que conspire a tu favor.

Ahora, considera esto: ¿La creencia de que tu dinero fluye en función de tu bondad o maldad, o de tu nivel de esfuerzo, es ligera o pesada en tu interior? Observa la discordia interna, la vacilación, la negación, los mecanismos de defensa, la disociación y la desconexión. Date cuenta de que no hay lugar para la elección dentro de este marco, creando la ilusión de un Universo sin elección.

Sin embargo, permíteme asegurarte que nunca es tan limitado como parece. Tus creencias y perspectivas únicas sobre la valía, la bondad, la maldad, el trabajo duro o la falta del mismo, no son intrínsecas a ti. Has acumulado estas construcciones en esta realidad, te has transformado en ellas y has declarado: "Este soy yo".

Bienvenido a tu realidad financiera. Yo también lo hice.

8

UNA REALIDAD FINANCIERAMENTE ABUSIVA

Sinceramente, incluso en medio de los abusos -las violaciones que he soportado y las que he vivido-, nada asusta tanto como ver cero en tu cuenta bancaria. No hay nadie a quien recurrir; cuando por fin caiga el zapato, ¿quién estará ahí para ti? Es un lugar intrínsecamente aterrador.

Creo que ésta es la auténtica epidemia de nuestra realidad. Nuestros juicios, perspectivas y las realidades financieras, psicológicas y psíquicas forzadas que adoptamos nos enferman, nos hacen infelices y nos llevan a elegir relaciones, yo incluido. Es como si siguiéramos vertiendo cosas, depositando sin cesar, y nunca avanzáramos porque estamos constantemente obligados a perforar ese boleto.

Entonces, ¿quién es el verdadero culpable, la realidad o nosotros?

Todo es una perpetración en cierto modo a menos que hagamos ese cambio de un grado fuera de estas mentiras. Entonces, ¿de qué mentiras estoy hablando?

La primera es que el dinero es la prueba de que tienes razón o no. ¿Cuántos de ustedes creen que serían felices si tuvieran dinero? Seguro que podríais creer que seríais más felices si tuvierais dinero, porque el dinero os da más opciones, ¿no?

Pero la verdad es todo lo contrario. Una de las mentiras del dinero que espero transmitirte es que lo que piensas no es lo que estás proyectando ahí fuera. Que lo que sientes y has encarnado como el contenedor de almacenamiento de basura - que llamas creación - es en realidad lo que está creando tu dinero y tu situación financiera, en oposición a lo que sabes.

Sé que sois brillantes. Sé que habéis hecho mucho trabajo personal. Sé que leéis cosas. Y sé que sois inteligentes: vivís aquí. Lo entiendo. Yo también viví aquí.

Y todos nos hemos aferrado a mentiras como la siguiente:

Tengo que demostrar que valgo algo y puedo hacerlo con dinero.

Sólo soy adorable cuando tengo dinero.

Sólo soy adorable si me entrego a otra persona. Nadie me querrá nunca por mí.

Nunca podré permitirme o ser independiente económicamente. Siempre necesitaré a alguien.

Una familia con dos ingresos es mejor que una familia con un solo ingreso.

Todas estas son mentiras que tu cuerpo encarna y refleja en tu realidad. Mientras tu mente mira todo lo que estoy diciendo aquí y dice no, tu cuerpo está diciendo sí. Tu mente dice "No" y tu cuerpo dice "Sí". Tu mente está diciendo: "Solía hacerlo, tu cuerpo está diciendo que aún lo hago".

Una forma de averiguar si tienes esta realidad conflictiva es hacerte algunas preguntas. Imagina que tu dinero decidiera hablarte, ¿qué te diría? Piénsalo. Cuando pregunté esto en mi taller, la gente respondió con,

"No crees que sea suficiente".

"Qué coño".

"No tienes que preocuparte por mí".

"Nunca me dejas entrar".

"Necesitas nutrirme".

Pero, ¿qué son estas respuestas? ¿No se suponía que debíamos tener una relación sana con el dinero?

Pero si recibes respuestas similares de tu dinero, entonces sabes que te has equivocado. Has sido un mal socio.

Entonces, ¿cómo de equivocado estás? ¿Un poco mal, un mega mal, o un megatón de pudin de tapioca y moca con una nuez encima?

¿Cuántos de ustedes creen hasta cierto punto en el grado de su equivocación? Además, ¿cuántos de vuestros cuerpos encarnan esa sensación de equivocación, simplemente porque vuestra mente así lo ha convencido? Recuerden que su cuerpo es increíblemente inteligente, ya que sirve como órgano sensorial para percibir, conocer, ser y recibir, capacidades que muchos de nosotros rara vez encarnamos realmente.

Considere esta perspectiva como un "Más allá", una comprensión que ella articuló: "Ni siquiera se supone que debería estar aquí, así de equivocada estoy". Pero bajo esa superficie, seguimos buscando, sin haber llegado aún al núcleo. Persiste en la realidad sonámbula de la anestesia, el adormecimiento, la disociación y una jaula enterrada en lo más profundo. Sin embargo, si logramos llegar a ese punto, podremos extraerlo.

Sin embargo, requiere una elección para vivir, una elección para abrazar tu propia realidad financiera, independientemente de tu historia. Independientemente de tu ascendencia, tu salud, tus tragedias, traumas o experiencias pasadas, nada puede despojarte de tu ser intrínseco. Ninguna mentira puede hacerlo.

Cuando creemos en estas falsedades sobre nosotros mismos y moldeamos nuestras vidas en consecuencia, impregnados de una sensación de maldad, inevitablemente la proyectamos en los demás. Es como ver el mundo a través de gafas del color del juicio, un concepto que exploré en un programa de Voice America titulado "Ver a través de gafas del color del abuso".

¿Dónde te estás juzgando con el dinero, perpetuando una realidad financiera que no tiene nada que ver con la esencia de tu ser? Ya esté ligada a tus antepasados, a tus padres, a tu historia personal o a contratiempos de la infancia, tendemos a aferrarnos a estas historias y a moldearnos a su imagen.

Les reto a que se liberen de ese ciclo y se conviertan en la persona capaz de amasar riqueza. Ustedes, los individuos aquí presentes, tienen el poder de cambiar esta realidad si se permiten poseerlo - y me incluyo en esa afirmación. Nunca me permití tener lo que estoy experimentando ahora.

Sin embargo, tener se ha convertido para mí en la encarnación más profunda de la curación. Es difícil de expresar, pero tener -ser yo, ser tú, comprometerte contigo mismo, colaborar contigo mismo, elegirte a ti mismo y crear desde ese espacio- esa es la verdad.

9

EL DINERO CREA, EL JUICIO DESTRUYE

Cuando mi padre se metió en el negocio inmobiliario y las ejecuciones hipotecarias en Nueva York, mi trabajo consistía en sentarme con él en el sótano, donde tenía su oficina. Tenía 16 casas de apartamentos que había comprado, unidades multifamiliares, de voltear casas.

Cobrábamos el alquiler y había montones de dinero. Usábamos las viejas calculadoras y los blocs verdes de entonces, antes de que tuviéramos ordenador. Me sentaba allí y me metía el dinero en la boca. Lo olía y estaba todo un poco sucio, pero me encantaba.

Entonces conseguí un trabajo en el banco, y todos los viernes venían todos los abogados y apilaban y apilaban y apilaban billetes de 100 dólares frescos y crujientes, por eso me encantan los billetes de 100 dólares. Yo estaba como, "Sí, ven a mi cajero. Quiero contar sus billetes de $100."

Estaba encaprichada y enamorada de una realidad financiera que me hacía feliz. Me encantaba contarlo y organizarlo. De hecho, miraba en las carteras de todos mis amigos y me aseguraba de que organizaban su dinero: de uno, de cinco, de diez, de veinte, de cincuenta, de cien.

Conozco gente que lo tendría en pelotas. No lo soporto. Les diría: "¿Qué haces con tu dinero, trátalo mejor, quiérelo y vendrá a ti?".

Supongo que soy un poco obsesivo-compulsivo, pero significaba algo para mí. Para mí, el dinero era un baile de la molécula feliz. Me encantaba sentarme en la cámara acorazada del banco y me encantaba cuando venían los Brinks. Cuando iban en el coche, yo decía: "¡Sí! ¿A qué banco van?". Estaba obsesionada. No sé qué hacíais vosotros de pequeños, pero yo seguía el dinero.

El dinero viene a la fiesta de la felicidad.

No viene a la fiesta de la depresión, la constricción y la alegría.

Y, créeme, cuando hace años enfermé de un trastorno potencialmente mortal y el endocrino me dijo:

"Mátate, toma medicinas para el resto de tu vida o haz que te extirpe el órgano", le dije: "Tiene que haber otra opción".

"No lo hay."

¿Recuerdas que te dije lo de la caja, que no se me puede meter en una caja? No me digas que no hay otra opción porque la encontraré.

Y entonces acabé en un Instituto llamado Theta Healing® Institute y pasé allí 3 meses. En 3 meses, tenía mi Master en Theta Healing®, y, en 3 semanas, ya no tenía la enfermedad.

Me dijo que no había nada que pudiera hacer aparte de la medicación, la cirugía para extirparlo o cualquier otra cosa que me dijera, y lo curé todo energéticamente.

Utilicé hasta el último centavo que tenía en ese momento para sanarme holísticamente. Dejé ir mi casa, dejé ir mi jubilación, dejé ir cualquier cosa por esa elección. Sabía que lo lograría de nuevo. Me costó alrededor de un millón de dólares curarme naturopáticamente. Ni una onza de nada farmacéutico, y sin seguro. Bueno, tenía seguro, lo estuve pagando durante décadas, pero cuando llegó el momento, nada me ayudó debido a mi elección de ir holístico.

Afortunadamente, tenía una póliza de seguro de invalidez que mi tía había establecido, y así es como fui al Instituto Theta Healing® y obtuve mi Maestría en Ciencias en Theta Healing®. Algunas personas decían: "Dios mío, deberías quedarte con ese dinero porque tienes muchas deudas". Yo pensé: "Esto me va a curar y esto lo va a ser todo. Voy a usar ese dinero para esto".

Utiliza tu dinero para crear, no para destruir. El juicio destruye.

Pensé que después del Theta Healing® Institute, habría terminado, pero cuando aterricé en Bali hace unos años, no sabía que otro nivel de "creo que he terminado con la vida" iba a surgir para mí. Iba a Bali para seguir sanando.

Había dado la espalda a muchas cosas, y también sentía que las cosas me habían dado la espalda muy claramente. Así que cuando aterricé allí, estaba de nuevo en esa especie de lugar abatido con muchas cosas, no sólo con el dinero. "¿Cuál es el punto, cuál es el propósito de esto, esto, esto y aquello?"

Allí estaba yo, tumbada en una de las mesas de la cabaña del curandero, como en el libro *Come, reza, ama.* Hicieron venir a una persona especial para que trabajara en mi cuerpo y, literalmente, estaba sacando de mi cuerpo las mentiras que yo encarnaba. Hice un programa de radio sobre ello en Voice America llamado *The Shards of Abuse*. Lo sacó de mi cuerpo y mi mente decía: "¿De qué estás hablando? No puedo ver energía, no puedo ver nada de eso, ¿de qué estás hablando?".

Y entonces me lo dio. En realidad era un fragmento.

Esto tomó algo así como 8 horas. Era todo lo que he estado cargando sobre el mundo, que es como sé sobre todas estas mentiras del dinero. En esa sesión de 8 horas, estuve muy cerca y personalmente con este sanador sacando cosas de mi cuerpo.

Y entonces, finalmente, una vez que lo sentí, mi sentido psíquico se abrió aún más y pude ver las energías, pude ver los sistemas de creencias. Vi las palabras y las personas. Vi las imágenes y mi infancia. Vi muchas cosas. "No me extraña que me quiera morir, lo entiendo. ¿Qué mejor manera de ir que en Bali? Es fácil."

Bueno, pasó otra cosa o elegí otra cosa.

En ese momento, me dije: "Tengo que vivir más porque lo que sale de mi cuerpo son todo mentiras. Y de ninguna manera voy a morir por mentiras. Quiero vivir, joder, y voy a vivir a lo grande y voy a ¡ROAR!".

Y eso es lo que decidí hacer, y cambié el nombre de mi negocio a Vive Tu ROAR® - Live Your Radically, Orgasmically Alive Reality en lugar de The Beyond Abuse Revolution y The Beyond Abuse Movement.

Pensé: "He sobrevivido a todo eso. Y si pude sobrevivir a fragmentos que salían de mi cuerpo y a que un viejo abuelo cogiera un cuchillo y me lo clavara en los pechos diciendo: 'Lo siento, lo siento, sólo va a doler un poco, lo siento, lo siento, sólo va a doler un poco, lo siento, lo siento, sólo va a doler un poco, entonces'" - Dolía, pero esas mentiras dolían más.

Esa densidad que sientes en tu cuerpo, es mentira, no eres tú.

¿Cuántas mentiras proyectas sobre tus flujos de dinero?

Porque eso es lo que aprendí en Bali.

Tuve un problema de recepción. Un rechazo de recepción.

Lo boicoteé.

Te estás riendo porque sé que tú también lo hiciste.

Literalmente llegué a un punto en el que ya había sufrido bastante y había muerto bastante, y entonces elegí tenerlo todo sin importar nada más. No importaba lo que tuviera que perder, no importaba a quién tuviera que perder, no importaba a dónde tuviera que ir, no importaba lo que tuviera que hacer, los libros iban a salir ahí fuera, el programa de radio iba a ser viral.

Ahora tengo 205.000 oyentes de 30.000. El primer libro se va a publicar, y luego trabajaremos en los otros. Y, y, y, y, y, y completamente - incluso, desde ayer, despidiendo a todo mi equipo con el que trabajaba - 12 personas - dándoles avisos de 30 días y empezando de cero.

Cuando digo que lo estoy teniendo, lo estoy teniendo.

Ir a lo grande o irse a casa, eso es lo que ocurrió en Bali.

Yo vivía algo de eso antes, pero cuando tienes los ojos abiertos y ves todas las mentiras y tomas esa decisión, la providencia también se mueve. ¿Qué hice yo? Me elegí a mí, me comprometí conmigo, colaboré con el Universo conspirando para bendecirme y creé.

Ninguna persona es responsable de nada. Ni un solo desengaño o con quien estuviera, tenía nada que ver con otra cosa que no fuera lo que yo eligiera. Ni un problema, ni una violación, ni un abuso, ni una dificultad con un cliente, ni una situación legal, ni una situación familiar, no importaba.

No me importaba a quién perdiera o qué perdiera, no iba a perderme a mí nunca más. Iba a elegirme a mí. Y nada iba a ser así nunca más. Nada iba a tener una proyección, una separación, una expectativa, un resentimiento, un rechazo, un arrepentimiento. Mi cuerpo no iba a sufrir más, mi mente no iba a seguir el mismo camino que había seguido.

Todo lo que decidí comer después de ese momento fue diferente. Todo lo que decidí beber fue diferente. Todo lo que me metía en el cuerpo era diferente. Todas las personas con las que compartía mi cuerpo eran diferentes. En serio, todo era diferente.

Hay una comida que siempre fue mi alternativa y me encantaba: la pizza. En California se puede conseguir pizza sin gluten, pero en Texas es difícil conseguirla. Sin embargo, aquí puedes conseguir pizza sin gluten en Good Earth. Tienen la mejor pizza de champiñones sin gluten pero, cuando la vi allí hoy, mi cuerpo dijo: "Verdes".

Es más bien una vibración, y cuando ya no percibes ni te riges por las mentiras, la vibración obviamente cambia. Y entonces lo que atraes, creas, instituyes y generas cambia y se actualiza a esa vibración.

10

TOMA EL CONTROL

¿Cuántos de ustedes están evitando los flujos de dinero que podrían tener al negarse a ser una ofensa juzgable en esta realidad? Imagina cuánto más dinero podría llegarte si estuvieras abierto a ser juzgado por todos y por todo sin dejar que te afecte. La idea es que cuando tratas activamente de escudarte del juicio, podrías convertirte inadvertidamente en un blanco para la crítica, obstaculizando el flujo de dinero en tu vida.

Mientras sigas enfermo y deprimido, serás blanco de juicios. Mientras sigas siendo víctima, sin elegir tu realidad, sigues siendo un blanco para el juicio. Mientras señales con el dedo a la otra parte, sigues siendo un blanco para el juicio.

Cuando empieces a señalar con el dedo, será mejor

que creas que van a venir 100 millones de ellos a matarte.

Hace poco tuve una experiencia en una clase en la que mis folletos estaban sobre una mesa, y cuando volví en el siguiente descanso, todos mis folletos y todo lo relacionado con mis talleres había desaparecido, completamente, a propósito.

En ese momento, me creí la mentira de que había algo malo en mí, que yo había hecho algo que provocaba que alguien quisiera hacer eso, que *yo* estaba haciendo eso. Y luego, cuando salí de eso, pensé: "Vaya, lo que estoy siendo es una ofensa juzgable para esa persona, para la realidad de esa gente".

Me he dado cuenta de que la mayor mentira en la que he estado viviendo es que yo he creado algunas de estas cosas.

A veces, tengo que darme cuenta de que lo que creo en realidad está creando más para otras personas, y no es un error mío. Es una capacidad que he aprendido a aprovechar. No me lo habría imaginado porque nunca aparece de la manera que uno cree.

Aquí les dejo una pregunta:

Siempre que entres en una constricción de dinero, la

jaula, pregúntate: "¿Qué está creando esto, o qué creará esto?".

Permítete percibirlo.

Si es pesado, cambia inmediatamente. Si es ligera, ve a por ella y date cuenta de que, elijas lo que elijas, siempre hay otra opción 10 segundos después.

Nada te impide tener el dinero que quieres y necesitas para vivir la vida de tus sueños.

A veces, la gente espiritual elige no tener dinero. Pero ningún Dios que yo conozca querría jamás que no lo tuviéramos todo porque nosotros somos el pueblo, tú eres el pueblo, y el pueblo te está esperando ahí fuera que podría realmente cambiar esta realidad teniendo dinero.

Podrías gastarlo de forma que cambie conscientemente esta realidad. La gente necesita oír tu voz, sea cual sea tu profesión, hagas lo que hagas, y esta realidad funciona con dinero. Simplemente funciona.

Puedes elegir qué punto de vista y qué realidad quieres crear con el funcionamiento de esta realidad - y no erradicar, morir, alejarte, no unirte, o mantenerte sufriendo. Radicalmente, orgásmicamente, la realidad viva se convierte en tu aliado radical, tu aliado orgásmico.

Crea una realidad viva con dinero: te reto dos veces.

Sé tú, más allá de todo y crea magia.

11

LA ENERGÍA DEL DINERO

Una de mis formas favoritas de hablar del engaño es inyectando mucha risa en la conversación. Viajo por todo el mundo ayudando a personas a superar traumas y a crear después de sufrir abusos. Esto requiere cierta ligereza y sentido de la diversión porque, sin ello, el proceso podría parecer un trago amargo.

Para empezar este capítulo, me gustaría preguntarte si estarías dispuesto a permitirte tener sólo un uno por ciento más de dinero o efectivo del que has tenido nunca. Ahora, piensa: ¿Cuánto te cuesta no tomar esta decisión? (Bolsas de vómito disponibles en la parte de atrás).

Personalmente, hace poco me enfrenté a una decisión crucial sobre mi negocio y la posibilidad de contratar a una nueva empresa de marketing. Se reducía a elegir qué no hacer frente a lo que realmente quería hacer. Optar por lo segundo significaba dejar marchar a un número importante de personas de mi empresa, pero estaba indecisa porque me caían bien y había invertido mucho esfuerzo en su trabajo.

Tómate un momento para reflejarte en el espejo: ¿Dónde te has encontrado en una situación similar?

A menudo se reduce a la falta de dinero o de efectivo. Entonces se acumulan las justificaciones: "No soy lo bastante bueno. No me lo merezco. Podría hacer daño a alguien". Construimos estas narrativas, estas mentiras.

Pero, ¿y si optáramos por la elección que nos lleva a todo lo que deseamos, la que se siente más ligera y verdadera, frente a la mentira, que es más pesada y densa?

¿Por qué, en esta realidad, gravitamos hacia la mentira, la densidad y la pesadez? Creamos estas falsedades y les damos vida, sólo para preguntarnos por qué a veces sentimos la necesidad de aislarnos o albergamos resentimiento hacia los demás.

. . .

Hablando desde mi experiencia personal, escribí mi tesis sobre un concepto llamado "Impresión del Alma". La huella de nuestra alma es similar a nuestra huella dactilar: una marca única que cada uno de nosotros posee. Todos llevamos una esencia distinta que estamos aquí para imprimir en el tejido de la realidad.

Lo que haces es tu contribución única. Ya seas abogado, enfermero, facilitador, acupuntor, artista audiovisual, masajista, padre, inversor, profesor o policía, esa es tu huella. Cada uno de vosotros posee algo único que le sale sin esfuerzo, algo que ama. Sin embargo, por diversas razones, puede que lo dejéis de lado y sigáis un camino diferente.

Abrazar la huella de tu alma, permitirte encarnarla plenamente, abre la puerta a la facilidad, el dinero, la alegría, la plenitud, la salud, la riqueza y una vida llena de diversión y posibilidades. Entrar en tu auténtico yo puede desbloquear la probabilidad de una existencia más satisfactoria y próspera.

Entremos en el tema de recibir, en particular la energía que es el dinero. Yo crecí en un hogar violento y abusivo, donde me introdujeron en el mundo de la pornografía infantil a una edad temprana. Esta experiencia me permitió comprender el abuso monetario y la frustración de trabajar duro sin obtener recompensas económicas. Entiendo lo que se siente al albergar resentimiento hacia el dinero, al desconfiar de quienes me rodean, incluidos familiares, instituciones y organizaciones. Levantarse, vestirse, hacerse fotos, sonreír... pero no recibir la compensación debida, sino algo totalmente distinto, oscuro y oculto entre bastidores.

Ahora, plantéate esta pregunta: ¿Quién eres tú en relación con el dinero, con el efectivo?

Lo que he descubierto sobre las mentiras que nos decimos a nosotros mismos con respecto al dinero es que se centra en dos mentiras principales: *quiénes estamos siendo con el dinero y qué estamos siendo con el dinero.* La energía que emanamos juega un papel importante, y dentro de esa energía, creamos una cierta realidad. Se trata de reconocer el "quién" y el "qué".

Piensa en esto: Si eres un "quién" y un "qué", ¿qué no eres? A ti mismo. Sin embargo, puede que erróneamente etiquetes este estado como verdadero.

La energía presente en este momento es una representación de las mentiras que encarnamos. Me dirijo a las mentiras, tanto reconocidas como ocultas, vistas y no vistas. Algunos de ustedes pueden no ser plenamente conscientes del "qué" y del "quién", pero descubrir en quién han estado confiando para crear sus flujos de dinero puede provocar inicialmente frustración, sólo para ser seguida por una profunda gratitud.

12

QUIÉN, QUÉ Y JUICIOS

Ahora, exploremos la tercera mentira: los juicios que te niegas a recibir obstaculizan tu prosperidad financiera. Podría ser tentador descartar esto como abrumador, ahondando en "quién", "qué" y juicios. Sin embargo, si tuviera que encapsular la mentira del dinero, se compone de un "quién", un "qué" y un juicio.

Tu autoestima no está relacionada con tu patrimonio neto.

He descubierto repetidamente en mis talleres que realmente está dentro de nosotros reconocer las mentiras que elegimos creer y actualizar. Y es necesario desvelar esas mentiras, por así decirlo, para desvelar todo eso y poder ver lo que es verdad.

Hay tantas mentiras que la gente no está dispuesta a

perder para poder elegir de verdad. Todos lo sabéis, pero os lo diré de todos modos.

Lo irónico es que, como seres infinitos, el dinero y el efectivo nos proporcionan libertad, elección y posibilidades. Entonces, ¿por qué, a pesar de ser conscientes de ello, nos sometemos constantemente al estrés, la lucha y la falta de lo suficiente, obligándonos a elegir entre necesidades como las vacaciones y la jubilación? Lógicamente, no tiene mucho sentido.

Ahora, exploremos estas mentiras: ¿Quién eres con el dinero? ¿Qué eres con el dinero? Trataremos los juicios por separado. Comprende que tu realidad financiera está moldeada por el "quién", el "qué" y los juicios que te niegas a reconocer. ¿Estás preparado para cambiar eso aunque sólo sea un grado más?

Sólo un grado.

Vayamos a la oms. Quitémonos las mentiras de encima.

No sabías que ibas a una clínica de adelgazamiento, ¿verdad? En vez de métete en mi barriga, va a ser sal de mi barriga.

Ya se me ocurrirán chistes mejores. Primero tendré que abanicarme con mis billetes de cien. Vamos a reírnos de la fuga disociativa de nuestros flujos de dinero que hemos creado.

Por ejemplo, recuerdo a mi padre. Solía coger un montón de billetes de 100 dólares, unos veinte, y los ponía en el mostrador junto a la puerta lateral de la casa de mi infancia para mi madre. Lo hacía los lunes de cada semana antes de salir por la puerta.

Cuando era niño, pensaba: "Joder, sí".

Luego, estaba mi madre... redoble de tambores, por favor... que estaba muy enfadada con él, muy enfadada. Parecía bueno - $2,000. Él lo dejaba sólo para salir de allí tan rápido como pudiera, alimentándola con dinero. Ella tomaba ese dinero, y nos hacía conseguir cosas. ¿Alguna vez las pedimos? ¿Las queríamos?

No lo hice, porque una de esas cosas eran 8 o 10 de esas estúpidas y terroríficas muñecas Cabbage Patch. Tenían papeles de adopción o algo así. Era la gran moda a principios de los 80. Entonces, ella las ponía en el estante superior de mi habitación, y yo entraba en mi habitación, "¡Oh Dios mío! ¿Qué es eso?" Porque lo necesitábamos.

Luego, zapatillas y ropa para mí, mi hermano y mi hermana, de todo, y luego se acababa. Estábamos en todas estas actividades diferentes. De nuevo, nunca me lo pidieron, me obligaron a participar.

Animadora, lo odiaba. Todavía recuerdo la porra. "S-U-C-C-E-S-S. Así es como deletreamos éxito", cualquiera que fuera el equipo. Odiaba cada minuto, igual que odiaba ponerme de pie y hacer de modelo.

Para mí, el dinero tenía muchos significados diferentes. Significaba abuso. Significaba resentimiento. Significaba salir. Significaba escapar. Significaba "FU". Significaba: "Te atraparé". Cuanto más gastaba ella el dinero, más tenía que dar él el dinero, y más tenía que irse y trabajar por el dinero. Y cuanto más se iba e iba a trabajar por el dinero - bueno, resulta que creó otra familia a la que mantenía, cosa que no descubrimos hasta muchos años después. Eso es lo que estaba haciendo.

Tal vez yo también lo haría, dado lo que estaba pasando allí.

Cada vez estaba más resentida, más enfadada, más cara, y todo ese resentimiento crecía entre los dos.

Luego se decían "te quiero".

Aquí estoy, un niño pequeño viéndolos. Esto todavía está en el "quién", por cierto - la primera mentira de dinero. Hay mucho ahí.

Entonces, vienen y dicen, "Oh, te amo." "Yo también te quiero."

Y los miro como diciendo: "Hay algo ahí que es mentira, porque debajo de eso está el vientre de la muerte y la destrucción y los picahielos y las pistolas y los machetes y las hoces y, y, y la Tercera Guerra Mundial".

Tuve que elegir lo que iba a ser.

¿Cómo eliges de niño entre tu madre y tu padre?

Elegí a los peores y a los mejores como se hace a los 3, 4, 5, 10, 15 o 20 años.

Sobre todo, la odiaba a ella y a todo lo que tuviera que ver con el dinero, por su forma de ser. La culpé durante años. Le quería porque me sentaba en el sótano con él, trabajaba y se ocupaba del alquiler de sus pisos. Él era divertido; ella era mala. O eso creía la niña que había en mí.

Era contable y tenía un máster en negocios e inmobiliaria. A principios de los 80, lo que más le gustaba eran los edificios de apartamentos y las ejecuciones hipotecarias en Nueva York, Nueva Jersey y todo el Hudson. Conseguía edificios de apartamentos de 20 familias por 10.000 dólares porque estaban en ejecución hipotecaria. Hizo miles de millones de dólares sin poner miles de millones de dólares.

Mi trabajo de niño era sentarme en el sótano con él. Él tenía su escritorio. Yo tenía mi escritorio. Me sentía tan profesional. Y estaría lejos de ella. En serio.

Yo estaba como, "¡Sí, papá!"

También aprendía muchas otras cosas. Contaba el dinero. ¿Recuerdas esos libros de contabilidad verdes y los lápices? ¿Recuerdas los lápices con gomas de borrar? ¿Esas viejas máquinas de sumar y todo eso?

Literalmente, era en efectivo. Era un negocio todo en efectivo. Mi trabajo era cuadrar todas las rentas, contar el dinero y ponerlo en orden. Es por eso que todavía pongo mi dinero en orden hasta el día de hoy. Se lo atribuyo a él. Se le nota el amor. Mis cientos se quedan con los cientos. Todo está en orden. No tengo problemas de control. No soy TOC. Simplemente me gusta que mi dinero esté ordenado. Es lo que solía hacer de niño.

Montones y montones de dinero... Lo lamí. Me encantaba.

Me encantaba cómo olía. Me encantaba su sabor.

Incluso trabajé en un banco en los veranos de mis años universitarios porque me encanta el dinero. Me encantaba cuando pasaban los camiones de Brinks. Entraba con ellos y jugaba con todas las joyas y el dinero. Lo aprendí de él.

Pero se convirtió en esta polarización sobre el dinero debido a lo que pensaba de mi madre, que estaría escuchando hasta el próximo año si yo empezara. Ella ha sido mi mejor recurso para mis mejores cosas de comediante en mi facilitación. He aprendido mucho de ella.

Tuve que alinearme y estar de acuerdo con él mientras me resistía y reaccionaba ante ella, y eso creó todas estas mentiras diferentes en torno al dinero. Tuve que actualizar lo que él me decía de una manera, pero también lo que ella era para mí de otra.

Y cuando actualizas una realidad dispar, no obtienes más que catástrofes y crisis.

Ahora, el "qué". Qué eres cuando eres la comunidad: tu madre, tu padre, el esconderte, el no compartir, todo lo que hemos hablado.

¿Qué eres? La verdad.

¿Qué estás siendo con el dinero cuando estás viviendo la 'who's'? Estás viviendo en 'whoville' que es 'pooville'.

¿Qué estás siendo? Estás siendo los pensamientos y sentimientos de los demás. Y cuando eso se actualiza, ¿qué es?

Es mentira. No es verdad.

No eres tú.

Pero, literalmente, ¿qué estás siendo cuando estás siendo una mentira? ¿Cómo se manifiesta en ti? ¿Qué estás siendo?

Cansado. Constreñido. Ese es el "qué".

Así que aquí estás siendo el "quién": tu padre, tu madre, tu comunidad, el mundo, ¿verdad?

Y ahora estás siendo el "qué", que es el esclavo, el "no puedo, no quiero".

Este 'qué' es una mentira. Y 'quién' es ni siquiera es tuyo, sino que lo estás actualizando, y lo estás viviendo. Entonces te conviertes en el esclavo. La constricción. El enfermo. El crónico, el cansado. El "No importa cuánto me esfuerce... hice tanto... todo debería haber cambiado ya. Gasté tanto dinero".

¿Sabes lo que pasa cuando crees? Dejas atrás tu cuerpo.

Así que todo el "qué" -esta energía de constricción- por la que arriesgarías todo y dejarías atrás tu cuerpo necesita ser alterada para siempre.

Porque sé por mí misma que cuando estoy eligiendo por mí, me estoy comprometiendo conmigo, y estoy colaborando con el universo, conspirando para bendecirme. Estoy creando; me preocupo por todos, incluso por mí.

Pero en realidad soy aún más listo, y sé cuando alguien me dice algo que o quiere cambiar o simplemente me está mintiendo.

Si decides ayudar a alguien sin que te lo pida explícitamente, corres el riesgo de que desarrolle resentimiento hacia ti. Y eso se te pegará como el pegamento.

Así que todo su odio, toda su proyección, toda su separación que has encerrado en tu cuerpo, creando el "quién" y el "qué" como tu realidad financiera necesitan ser arreglados.

13

EFECTIVO FRENTE A DINERO

¿Has pensado alguna vez en la diferencia entre cómo te hace sentir el dinero y cómo te hace sentir el efectivo? ¿Alguna vez has pensado que uno es más denso que el otro?

Puedes darle la vuelta como más te convenga, lo que te parezca bien y ligero. No hay nada escrito en piedra.

En realidad hice un taller - una serie de teleconferencias - llamado Perder la *Falta de Flujo de Caja*. En realidad pasé ocho semanas sólo en efectivo, aunque sé que el efectivo es dinero.

Simplemente hay algo separado, y realmente no tengo una respuesta directa para ti al respecto. Puedo darte mi interesante punto de vista.

Sé que tengo dinero en el banco, una jubilación e inversiones. Y sé que tengo efectivo. Pero el efectivo que me gustaría tener estaría de una forma diferente a mi dinero. Me gusta tenerlo en mi cartera, aunque no todo mi dinero va a caber en mi cartera.

Cuando viajo, cosa que hago mucho por todo el mundo, me gusta tener efectivo y mucho efectivo. Me gusta saber siempre que, por ejemplo, cuando has estado en la India y te roban la tarjeta y no puedes volver a Estados Unidos, y no saben que eres tú porque tu móvil no recibe el código que tienen que enviarte para decirles que eres tú y no tienes dinero y no puedes llegar a ningún sitio con él... eso es energía en la que no quiero estar.

Y he estado en ella demasiadas veces, así como he visto el cero en mi cuenta bancaria demasiadas veces.

Así que me gusta tener dinero, y me gusta tener efectivo. Me gusta jugar con ambos. Ese es mi interesante punto de vista. Y también puede haber un montón de mentiras asociadas a esto. Esto me recuerda mi interacción en el taller con un participante. Cuando estaba describiendo mi punto de vista sobre el efectivo y el dinero, ella respondió con su propia curiosidad.

Me dijo: "Esto está muy bien. Gracias por la aclaración porque lo lleva a otro lugar. Con el dinero en efectivo, me doy cuenta de que me siento más cómoda y segura porque es casi intangible. El efectivo es tangible y, tal vez porque donde yo crecí, tener esa cantidad de efectivo llamaba mucho la atención y te pueden robar así. Ir al banco y sacar una cantidad enorme de efectivo daba mucho miedo".

"¿Dónde creciste?"

"Venezuela".

"Sí, lo conozco bien. Venezuela, el país de los dos libros. Lo que se muestra y lo que nadie sabe".

"Así que dicho esto, me pregunto si hay una mentira detrás porque estoy cómodo con el dinero, pero cuando se trata de dinero en efectivo -"

"Hay una mentira. Acabas de decir, que, "Si pongo dinero en efectivo, sería robado. Me lo robarían. Así que ahí está el 'quién'. Esa es la mentira".

Había estado viviendo la mentira de que el dinero en efectivo siempre se roba. Y eso debió de crearle muchos problemas, como cabe imaginar.

Digamos que la mentira es el cubo de una rueda, y tú te la crees.

Tienes que poner los radios de la rueda para mantener esa mentira en su lugar. Y luego tienes que poner la llanta alrededor para mantener esa rueda en su lugar y luego la goma alrededor, y luego tienes que hacerlo de nuevo en el otro lado.

Estás tan encerrado en tu punto de vista fijo que no se te ocurre otra cosa que no sea que te roben el dinero. Así que en vez de "Dinero ven, dinero ven, dinero ven," es como, "Róbame, róbame, róbame, por favor. Róbame, róbame, róbame".

Es como: "Pide y recibirás". El universo conspira para bendecirte. No hay discriminación entre lo que pides y lo que te da. Te da exactamente lo que pides.

Si crees que alguien te va a mentir, vas a seguir esa mentira. Si crees que alguien te va a robar, vas a atraer a ese ladrón. Si crees que necesitas ayudar a alguien y que puedes proporcionarle algo mejor de lo que puede proporcionarse a sí mismo, conseguirás que te roben tus cosas o que te quiten los derechos de autor, lo que sea.

Son posiciones fijas. Y limitan tu potencial.

14

SENTENCIAS

Cuando me curé de una enfermedad potencialmente mortal con la curación de energía y Theta Healing ™ - tenía tanto miedo de que las juntas de licencias me iban a llamar y quitar mi licencia porque puse mis manos sobre la gente. Eso es un juicio bastante grande. ¿Alguna vez has pasado por una revisión como esa? He pasado por un par de ellas. No es divertido. Entonces, encuentra juicios como ese.

Toma esa energía, dondequiera que la hayas experimentado sobre cualquier situación de tu vida, y percibe dónde la sientes en tu cuerpo. Ahora, sólo por un momento, expande tu energía del espacio un millón de millas, arriba, abajo, izquierda, derecha, adelante y atrás, aún percibiendo dónde te golpeó ese juicio en tu cabeza o en tu cuerpo.

Sea lo que sea -tu mayor miedo, tu mayor preocupación- y dondequiera que esté, inspira energía por delante, por detrás, a la derecha, a la izquierda, hacia arriba por los pies, hacia abajo por la cabeza.

Ahora hazte tan grande como la tierra.

Y cada vez más grande, aún percibiendo ese juicio.

Ahora, tira de ese juicio: "Estoy loco, estás loco, eres un gilipollas, no deberías estar haciendo lo que haces, no te mereces esta licencia, esa licencia, eres un narcisista, sólo quieres mi dinero, estás loco. Deberían pegarte un tiro, matarte, mutilarte, torturarte, destriparte (eso es otra vida)... lo que sea, que te atraviese hasta el fondo.

Ahora da la vuelta a esa molécula, dondequiera que percibas esa energía en tu cuerpo, si sigue ahí. Devuelve ese juicio al emisor con conciencia, y dime lo que notas.

¿Más ligero y expansivo, o más denso y constrictivo?

Uno, no te encerraste en el juicio. Dos, tomaste el juicio y lo expandiste como espacio. Cuando el juicio y la densidad son golpeados con espacio, la densidad se libera y el espacio prevalece.

La mayoría de nosotros nos constreñimos, nos defendemos y hacemos lo americano, que es lo de la sociedad litigante. Acudimos a un abogado. ¿Verdad? Constreñirnos y defendernos.

En lugar de hacerlo con juicio, que es lo intrínseco, lo expulsamos expandiéndonos como espacio, tirando de él a través de ti, preguntando a tu cuerpo qué hay más allá y creando espacio, lo que entonces te da más opciones, más elecciones, más posibilidades, y ya no estás atrapado en el bebé de alquitrán de otro.

Haz lo que te dije o lo que te guíe porque eso abrirá el espacio para salir de la mentira del "quién" y del "qué" en que te estás convirtiendo, en lugar de la realidad financiera que es verdadera para ti.

Cuando estás en la elección, la posibilidad, la creación y la generación, estás sumando.

Así que todos los juicios que tienes miedo de recibir, ¿recibirías un poco más de ellos para que realmente pudieras recibir la prosperidad financiera y la abundancia que es verdaderamente tuya?

Así que, mientras te aferres a las sentencias, limitas la cantidad de dinero que puedes tener y limitas la cantidad de dinero que puedes recibir de la gente. Eso es lo realmente extraño, así que esa es otra mentira.

La mentira es que si bloqueas los juicios, serás libre.

Pero lo que digo es que si recibes las sentencias financieramente, tendrás más dinero, más efectivo y más opciones.

¿Y qué haría falta para crear cien millones de dólares cada día? ¿Por qué utilizo cien millones? Porque hay tantos juicios en ello y también hay tantas maneras que no puedes poner ninguna forma, estructura o significado alrededor de ello. Cuando la densidad se encuentra con el espacio, la densidad se disipa. Cuando el espacio se encuentra con la densidad, prevalece el espacio. Cuando prevalece el espacio, la elección, la posibilidad, la contribución. Cha-ching, cha-ching, cha-ching.

Dinero viene, dinero viene, dinero viene, dinero viene.

Dilo conmigo: "Que venga el dinero, que venga el dinero, que venga el dinero" y percibe cómo te sientes.

Esta es tu tarea:

Pregúntate: "¿Cuál es mi realidad financiera?". Escríbela y pégala en tu espejo, o ponla en tu bloc de notas o dísela a tu grabadora de audio.

Si estás en un "quién" o un "qué" o te niegas a ver los juicios, pregúntate: "¿Qué creará eso?". Es la misma pregunta, pero dos perspectivas diferentes.

Quieres actualizar la energía, el espacio y la conciencia de tu realidad financiera y quieres despejar la actualización del "quién", el "qué" y la negativa a recibir los juicios, para que realmente puedas recibir tu realidad financiera.

"Entonces, ¿qué puedo ser o hacer hoy para recibir mi realidad financiera de inmediato?".

Tienes que elegir ser tú. Elige comprometerte contigo. Elige colaborar con el universo, conspirando para bendecirte y elige crear.

Así que, de nuevo, las preguntas son:

¿Qué creará esto? ¿Quién soy?

¿Qué estoy siendo?

¿En qué mentiras estoy creyendo?

Si es parte de tu realidad financiera, entonces recibe los juicios y sigue eligiendo para ti, creando para ti, colaborando con el universo que conspira para bendecirte, y luego comprometiéndote con lo que sabes que es verdad.

Recuerda que eres un ser infinito que puede crear infinitas posibilidades.

Nunca te limites. Nunca te constriñas. Nunca te enjaules. Nunca te destruyas.

Y sal ahí fuera a hacer lo que te gusta desde tu auténtica realidad financiera

15

LA LUZ, DERECHA Y ESPACIOSA

Quiero que te tomes un momento y te fijes en tu cuerpo y en tu mente, en cómo los sientes, porque al final de este capítulo puede que te sientas diferente, más espacioso.

Permítanme compartir primero una pequeña historia; es algo divertido que hago en mis talleres. A menudo, durante los talleres sobre dinero y libertad financiera, sacaba un fajo de billetes al principio de la clase... porque, bueno, era divertido. Y resulta que realmente tengo una obsesión con los billetes de cien. Le damos tanta energía a este pedazo de papel, ¿verdad? Y, además, es genial tener una pinza de oro de 14 quilates para sujetarlo.

Lo digo porque saca a relucir muchas proyecciones, juicios, miedos, deseos y rabia. Y esto es lo que hago para ganarme la vida - hablar de todas esas cosas sobre algo como esto.

Así que traía este fajo de dinero primero, a propósito. Haría que la gente viera la realidad del dinero, lo que era físicamente. Y quiero que ustedes, mis lectores, hagan lo mismo.

¿Cuántos de ustedes, incluido yo mismo, se han doblado, doblado, mutilado y grapado para intentar ganar cien dólares, o incluso para ganar un dólar?

Por eso necesitamos desvelar las mentiras del dinero, por lo mucho que nos estiraríamos para tenerlo en nuestras manos. Al menos, merecemos conocer su verdad.

Descubrir mentiras profundamente arraigadas puede ser inmensamente poderoso. Cuando empecé a enterarme de que podía curar enfermedades potencialmente mortales sin medicamentos, hospitalizaciones, anestesias ni la ayuda de nadie más que yo y mi elección, decidí que, como coach, terapeuta y doctora en psicología, mis clientes tenían que saberlo.

Estaba nerviosa por tomar este camino, pero no me importaba porque tenía una enfermedad. Estaba en el sofá y no podía levantarme. Me dolía todo.

Perdí mi negocio, mi consulta, mi jubilación, mis ahorros, mi casa: lo perdí todo en un sentido.

¿Alguno de ustedes ha llegado alguna vez a ese punto con el dinero en el que no tiene nada? No se lo deseo a nadie, pero esa es la historia real.

Hubo un momento en mi vida en el que no tenía más que ceros mirándome. No había nadie a quien recurrir, no había nadie a quien preguntar, no me quedaba nada y tuve que tomar la decisión de que, costara lo que costara, iba a cambiar lo que fuera que no me dejaba tener dinero, que no me dejaba tener dinero.

Y lo que descubrí fue que no tenía nada que ver con nada externo a mí.

Tenía todo que ver con lo que había en mí y con mis sistemas de creencias.

¿Qué son esas mentiras sobre el dinero que dicen: "Debe de haber algo malo en mí para que no pueda conseguir lo que los demás consiguen con esto"?

Bueno, la verdad es que no te pasa nada. Es sólo una elección.

¿Qué tenía yo que no podía tener dinero? Quiero decir, he ganado mucho dinero. Tengo muchos títulos, educación y formación. Siempre pude trabajar.

Empecé a repartir periódicos a los 8 años y trabajé en Dunkin' Donuts haciendo donuts a los 14.

Siempre tuve dinero y trabajé, pero nunca tuve facilidad con el dinero.

Siempre he ganado cada centavo que he puesto. Si no podía trabajar, no ganaba dinero. Eso lo aprendí muy pronto de mi padre, con gratitud, aunque, más tarde, también me causó algunos problemas.

Cuando murió, yo estaba en el extranjero, en Australia. Ni siquiera sabía que estaba enfermo ni que me había dejado como albacea testamentario. No tenía ningún plan de respaldo y esto fue después de la enfermedad que puso en peligro su vida.

Mi primer momento con cero, de pie en una gasolinera, sin saber cómo iba a conseguir gasolina siendo una persona profesionalmente licenciada y educada, fue bastante duro de tragar. Me quedé literalmente con la boca abierta, intentando averiguar qué demonios iba a hacer. Nunca me había pasado algo así.

Lo que estoy diciendo puede ser un poco extremo para algunos de ustedes porque no tienen esa experiencia.

Lo entiendo. Pero siempre les digo a los profesionales con los que trabajo que sólo se puede enseñar y facilitar algo hasta donde uno mismo ha llegado.

El dinero es algo con lo que he luchado y también algo en lo que he tenido mucho éxito. Y es algo con lo que todavía estoy creciendo porque no tengo todos los problemas financieros resueltos y, sin embargo, estoy a favor del progreso, no de la perfección.

No estoy al cien por cien de la forma en que me gustaría estar, pero puedo decirte esto: Voy a conseguirlo cueste lo que cueste, tenga lo que tenga que perder, tenga lo que tenga que cerrar, tenga lo que tenga que apagar, tenga donde tenga que mudarme, tenga lo que tenga que hacer, me llame la parte del mundo que me llame.

Voy a elegir lo que es ligero y correcto y lo que funciona mejor para mí financiera, emocional, espiritual y físicamente.

Así es como me llega el dinero, con verdad y luz.

El dinero viene a la fiesta de la diversión. El dinero viene a lo que es ligero y correcto para ti. El dinero llega cuando vives fiel a ti mismo. El dinero viene cuando eres auténtico. El dinero viene cuando eres feliz.

Nunca me ha gustado escuchar a la gente que facilita cuando dicen que lo tienen todo controlado. En realidad, no me fío de que lo tengan todo controlado y lo sepan todo, o de que hayan pasado por lo mismo. No me fío. Confío en una historia auténtica y genuina.

Todos tenemos cosas. Todos tenemos equipaje.

Existen todas estas áreas de tu vida: física, mental, emocional, espiritual, psicológica, psicosomática, psicoenergética, psíquica, relacional. Siempre hay cuatro o cinco áreas que funcionan realmente bien para ti, y luego una o dos o tres que no.

Para mí, y para muchos de los clientes con los que he trabajado, las áreas con las que he tenido más dificultades son el dinero, el cuerpo, la salud y las relaciones.

Conozco mis esqueletos y sé lo que hay en mi armario -los abusos que sufrí- y hablo todos los días a 205.000 oyentes a la semana en mi programa de la Voz de América sobre ir más allá del abuso, el abuso financiero, el abuso sexual, las limitaciones y las constricciones hacia lo que he denominado vitalidad radical, que significa elegir por ti, comprometerte contigo, colaborar con el universo que conspira para bendecirte y luego crear.

Hoy no hay nada escondido bajo ninguna alfombra. No tengo miedo de nada. Puedo enfrentarme a cualquier cosa. Lo he perdido todo. Lo he ganado todo. Me he mudado. He dejado mi consulta. He dejado ir un negocio. Lo he vuelto a crear. Lo he cerrado. Lo he vuelto a crear.

He escrito libros. He publicado libros. No he publicado libros.

Sigo eligiendo lo que es luminoso y correcto para mí, sin importar el trauma, la tragedia o la historia que tenga.

¿Estarías dispuesto a renunciar a un poco de tu tragedia, trauma e historia que en realidad actualiza el no tener todo lo que deseas con el dinero y mientras no tengas todo lo que deseas con tu cuerpo, tus relaciones y tu negocio? ¿Quizás sólo un cambio de un grado?

Aún nos queda el resto del mundo con el que hablar, y si quieres tener una consulta y que la gente acuda a ti, no puedes alienarles con un idioma que no entienden, ¿verdad?

El cambio de un grado es mi manera, así que cubro a todo el mundo - todo el mundo puede hacer una elección.

No importa lo que hagáis, no os conozco a todos. Creo que sois curanderos de algún tipo, practicantes, buscadores educados.

Tengo la profunda sensación de que cada uno de ustedes tiene su propio RUGIDO - la actualización física de su propio tsunami, volcán, terremoto - que vive dentro de ustedes y que al actualizar su autenticidad, cambian el mundo.

¿Qué tiene que ver todo esto con el dinero? Tiene que ver con esto: La verdad, ligera o pesada.

La luz es algo burbujeante y expansiva, como un excelente champán. Sabes que las burbujas son buenas en la parte superior.

La densidad, la pesadez, es como meterse en una bola. Tal vez lo sientas en tus entrañas. Es constricción. Es una limitación. Puede que sientas un poco de cansancio o un gran bostezo.

Así que aquí está mi pregunta para ti, y luego tú decides cómo te hace sentir, Verdad, Ligero o Pesado.

¿Está viviendo su realidad financiera? ¿Verdad? ¿Ligera o pesada?

En caso afirmativo, ¿tienes todo lo que deseas? ¿La verdad? ¿Ligero o pesado? Ni bien ni mal.

A continuación repetiré las tres preguntas básicas que constituyen la esencia de este libro. Puedes utilizarlas en todo momento cuando se trate de dinero. Escríbalas:

1. *¿Quién eres?*
2. *¿Qué estás siendo?*
3. *¿En qué mentira estás creyendo?*

Así que "¿quién estás siendo, qué estás siendo y qué mentira te estás creyendo?".

Muy sencillo...

Ahora, eso puede no parecer relacionado con dinero o efectivo o algo así, pero puedo decirte que, esta noche, empezarás a ver algo - que lo que pensabas que era tu realidad financiera no lo es, y la energía que pones en tu realidad financiera que no lo es. Y expondrás la mentira que has hecho verdad, pero que no lo es.

Realmente empezarás a quitarte las anteojeras, la capa, el disfraz que has estado usando en tu cuenta bancaria, en tu negocio, en tus relaciones sexuales, en tu relación, en tu paternidad, en tu relación con tus animales, en tu relación con tus coches, en relación con la Tierra.

Y cuando empiezas a desvelar la capa, entonces empiezas a desvelarte a ti mismo.

Es entonces cuando tú RUGES, esa actualización física del estruendo, el terremoto, el tsunami, el volcán -única y exclusivamente tú- empieza a surgir.

Es entonces cuando la providencia también se mueve y las cosas empiezan a salirte bien.

No son los ángeles los que te dan las plazas de aparcamiento, amigos míos.

Eres tú dando un paso adelante para ser más tú.

Por ejemplo, una vez, tras un preaviso de 90 días, despedí a todo mi personal. A cada una de las personas. Fue el mayor riesgo que he tomado para elegir para mí en términos de mi negocio - porque yo estaba siendo algo que, en el negocio, no estaba funcionando. Tratando de conseguir que la gente a trabajar para mí no estaba funcionando.

Había una energía que yo estaba siendo - era como el juego del teléfono. Yo decía: "Haz la tarea A", y se convertía en algo en mandarín y ruso y español, y cuando me lo devolvían, me decían: "Toma, lo he hecho", y yo: "Pero no es lo que pedí exactamente".

Es un ejemplo un poco extremo, pero lo mejor que puedo explicarlo.

Y luego estaba esta otra energía en torno a la mentira de la forma en que tenía que ganar dinero, que es trabajar hasta la extenuación. Fíjate en lo que dije de mi padre desde el principio: trabajar muy duro y no tener ninguna facilidad.

Hacerlo en 90 días no fue una especie de atracón y purga. Fue muy pragmático en el tiempo. Yo diría: "Nos estamos acercando a 30 días, esto es lo que tenemos que lograr. Este es el objetivo. Hagámoslo, ba da da da da". Estaba muy claro todo el tiempo, pero tengo que decirte, estoy cagado de miedo.

Absolutamente, totalmente vulnerable.

Un antiguo mentor me preguntó: "¿Cuánto te cuesta mantenerlos? ¿Cuánto te está costando mantener a tu personal?".

"Mi salud, mis canas. Me están saliendo más".

Entonces dije: "Realmente quiero ir con esta otra empresa de marketing que creo que me puede llevar a donde realmente quiero ir y lo que realmente quiero estar haciendo con los libros, programa de certificación, y todo eso para la transición trauma fuera de este planeta."

Comparto esto contigo porque lo estoy viviendo. Me niego a vivir por la mentira del dinero, y me niego a ser un esclavo del dinero nunca más. Me he negado a ser esclavo del abuso nunca más, al igual que me niego a ser esclavo de cualquier cosa que no sea lo que es la luz y lo correcto y parte de mi ROAR (Radically Orgasmically Alive Reality).

Entonces, ¿les gustaría unirse a mí en eso? Y soltad todo lo que no os permita vivir más, saber más, ser más, recibir más y percibir quiénes sois realmente más allá de esta realidad y traedlo a esta realidad.

Permítanme mostrarles cómo funciona todo compartiendo una interacción de uno de mis talleres. Estábamos discutiendo las Mentiras del Dinero, y pude sentir cómo cambiaba la energía en la sala. "Fíjate... ¿se está volviendo más pesada y densa aquí o más ligera y libre?". pregunté. Los participantes respondieron unánimemente: "Más ligero".

Sintiéndome animado, le pregunté: "¿Tienes algo que quieras preguntar?".

Un participante dudó antes de lanzarse. "Dios, cuántas cosas. Empecemos por mi trabajo. Gano por horas y me gustaría tener un gran sueldo y, en última instancia, mi propia empresa. Me siento muy, muy cabreada por estar aquí cuando sé que puedo estar allí".

"Entonces, ¿quién eres cuando estás aquí?". pregunté, curioso por la energía que encarnaba.

"Mi madre", admitió con un sentimiento de frustración.

"¿Y qué te gusta de ser tu madre en tu trabajo? ¿Qué te gusta de ir al trabajo contigo todos los días? Hacer las pausas en el trabajo con tu madre", le pregunté, queriendo que explorara la dinámica subyacente.

"Es una mierda", respondió ella, con evidente descontento.

Luego, amplié la indagación, implicando a otros. "¿Y cuántos de vosotros hacéis lo mismo con vuestras madres? ¿Quién eres tú, tu mamá? ¿Qué te gusta de ser tu madre?".

"Es seguro", dijo otro participante.

"Vale. Entonces dime qué hay de seguro en llevar a tu madre a todas partes, comer por ella, pensar con ella, tomar tus decisiones sobre tus asuntos con ella cuando quieres estar allí, pero te quedas aquí. La verdad. ¿Cuál es la mentira por la que estás viviendo?"

"No soy lo bastante bueno hasta que tengo eso", confesó el participante, dejando al descubierto una creencia profundamente arraigada.

"No eres lo suficientemente bueno para tener lo que ella quiere. No eres lo suficientemente bueno para tener lo que quieres. Verdad. ¿Alguien más quiere renunciar al uno por ciento de 'no soy lo suficientemente bueno para tener lo que quiero'?". pregunté, invitando a los demás a reflexionar.

"¿Qué te gusta de no ser lo bastante bueno para tener lo que quieres?". Continué.

"No tengo por qué exponerme", admitió.

"Y si consigues esconderte y no te pones ahí fuera, ¿qué es lo mejor de eso mientras tú y mamá os quedáis detrás de vuestro escritorio y vuestro sueldo, salario por hora? ¿Y nunca consigues estar donde quieres estar?"

"Puedes esconderte", reconoció.

"Lo sé", sentí empatía. Sentí el peso emocional que llevaba.

"Todo lo que hago es conectar con su energía y las palabras surgen de ella. Noto la constricción en su pecho, y está como cediendo. Pero esto es lo que hacemos", añadí, reconociendo los patrones familiares. "Está tomando una decisión sobre no tener lo que quiere eligiendo seguir conectada a lo que es su madre. ¿Crees que eso afectará a sus flujos de dinero?".

"Sí", respondió ella, reconociendo el impacto.

"¿Con energía? ¿A tu madre le gustaba el dinero?"

"No."

"¿A tu madre le gustó su trabajo?"

"No."

"¿Se quedaba en su trabajo cuando no quería estar en su trabajo?"

"Podría jubilarse ahora mismo, pero no lo va a hacer", compartió la participante.

"¿Así que se quedó en su trabajo cuando no quería quedarse en su trabajo?"

"Sí."

"Exactamente. ¿Te quedas en tu trabajo cuando no quieres quedarte en tu trabajo?"

"Sí", admitió, reconociendo el paralelismo.

"Ahora, por favor, a menos que sea lo más ligero y correcto para ti, no te vayas de aquí y dejes tu trabajo si no tienes otra cosa en marcha porque creo que también hay una forma de ser pragmático". advertí, comprendiendo las complejidades de las decisiones del mundo real.

Le dije: "Tu trabajo te da dinero, pero tu negocio y tu ROAR es donde realmente quieres estar, y eso te lo dará todo, incluido el dinero. La mayoría de nosotros elegimos quedarnos por el dinero, y descuidamos nuestro ser al elegir lo que tú estás eligiendo."

Esta magnífica persona estaba eligiendo una realidad financiera que no era la suya. Algunos no quieren dejar a sus mamás. Había una película llamada Tira a mamá del tren. Tal vez quieran verla.

Durante 15 años impartí un taller en California llamado LEAP (*Life Empowerment Action Program*). Un día, nos dieron un gran trozo de papel blanco y uno de mis asistentes dibujó dinero en él. Hice que todos cogieran un bolígrafo negro y les dije: "Escribid todas vuestras proyecciones sobre el dinero: todos vuestros odios, todos vuestros juicios".

Pensaba que habría quizá tres.

Dios mío, ya ni siquiera podía ver el dinero.

Había las frases más horribles que jamás he visto escritas, y eso que crecí en un ambiente muy ruidoso y cáustico.

Por ejemplo: *"Tienes que vender tu alma al diablo para salir adelante".*

Esa es una forma segura de alejarte del dinero. Pero elegimos esto todo el tiempo de forma encubierta.

Había cosas que no puedo repetir aquí porque sonarían horribles. Pero ya lo sabes: los juicios, las proyecciones, las separaciones, las expectativas, los resentimientos, los rechazos y los remordimientos sobre el dinero eran extraordinarios.

Y en ese momento pensé que no me extrañaba que no tuvieran suficiente, que tuvieran que trabajar duro y por mucho que se esforzaran nunca salieran de deudas, que siempre están endeudados.

No era de extrañar que fueran capaces de ganar dinero, pero nunca de tenerlo o ahorrarlo o gastarlo, que nunca pudieran irse de vacaciones, y que tuvieran que tener tres trabajos o casarse con otra persona para que les diera dinero porque no podían vivir solos, o que tuvieran que pedir dinero prestado y seguir pidiéndolo prestado a su familia o a las tarjetas de crédito o a las instituciones y declararse en quiebra una y otra y otra vez.

Tienes que sacar a mamá y a papá y a toda la cultura y al Vaticano y a cualquier otra iglesia en la que creas de tu cuerpo para que puedas escucharte.

Esa es la pregunta "¿Quién estoy siendo? Ahora "¿qué" estás siendo?

Cuando estás siendo tu madre, el dinero es la raíz del diablo encarnado, "¿qué" estás siendo? Estás siendo una infancia reprimida, asustada, paralizada, constre-ñida por las mentiras que hiciste verdaderas en el ser.

Así que concéntrate en el espacio donde se siente ligero o pesado porque cuando el espacio se encuentra con la densidad, la densidad se disipa. Cuando tu cuerpo sienta un poco más de espacio, aunque haya densidad allí, concéntrate en el espacio.

La mayoría de nosotros nos centramos en la densidad, y la densidad es la mentira.

No se puede cambiar una mentira. Sólo puedes cambiar el espacio y la verdad.

El espacio, la verdad, es la ligereza dentro de ti, así que concéntrate en las moléculas de espacio dentro de ti y pídeles que sigan girando y girando y girando hasta que más de ti pise dentro de ti.

Mira cómo haces un grado. Eso es un cambio de un grado justo ahí para conseguir espacio como ese. Eso es un éxito.

16

COBRAR POR ELLO

Colaborar con el universo conspirando para bendecirte es, en realidad, saber que el universo te cubre las espaldas, pero no puedes saber que el universo te cubre las espaldas hasta que tú no te las cubras.

Cuántas personas han intentado decirte que te cubren las espaldas y tú les has dicho: "De ninguna manera. Aléjate".

Es porque no sabes lo que es cubrirte las espaldas. Ninguno de nosotros lo sabe realmente hasta que empezamos a elegir por nosotros, a comprometernos con nosotros.

La única forma en que sabía cómo existir en el mundo era si alguien me estaba jodiendo, literal y figuradamente. Me costó mucho trabajo deshacer y recablear eso, y difundir que en realidad hay gente buena en el mundo que no quiere joderme.

Lo más difícil fue difundir que hay gente en el mundo a la que no le importo y a la que le gustaría pisotearme.

Hay que estar atento a todo.

No sé por qué, pero hay gente a la que no le gusto. ¿No sabes que hay gente a la que no le gustas? ¿Y no hay gente que no te gusta nada más conocerla y no tienes ni idea de por qué?

Es como lo que dijo mi sobrino pequeño cuando mi madre intentó subirle al elefante en el circo cuando tenía cuatro años: "Para mí no, mami. Para mí no".

Tuve que aprender a cubrirme las espaldas y cambiar eso. Un antiguo mentor siempre me decía: "Con todo lo que has pasado, y los abusos que has vivido -elegido y vivido-, ¿cómo es que eres tan amable y realmente te preocupas por la gente, y te implicas en su cambio y crecimiento y transformación, así como en los tuyos propios?".

Pensé: "No tengo ni idea. ¿No es así todo el mundo?"

Fue entonces cuando empecé a ver el hecho de que hay una diferencia en mí. Ahora, no estoy diciendo que no hay una diferencia en cada uno de ustedes. Y de esto se trata la Impresión del Alma.

Una huella del alma es nuestra huella dactilar única, el carácter y contorno únicos de nuestra alma, nuestro RUGIDO. Si tuviéramos que tener un trabajo, objetivo, o como quieras llamarlo, esa intención es desatar ese RUGIDO, la huella de tu alma en los labios de esta realidad.

Mi ROAR es lo que hago con mis clases, práctica, escritura, el programa de radio, y la transición de trauma fuera del planeta, moviéndose más allá de la jaula de abuso, limitación y constricción a la vitalidad radical. A eso me dedico. Hablo de ello todos los días. Escribo sobre ello todos los días. No sé cómo demonios he tenido más de 100 programas en Voice of America sobre este tema, porque pensaría que ahora mismo estaría aburrido, pero se siguen creando programas.

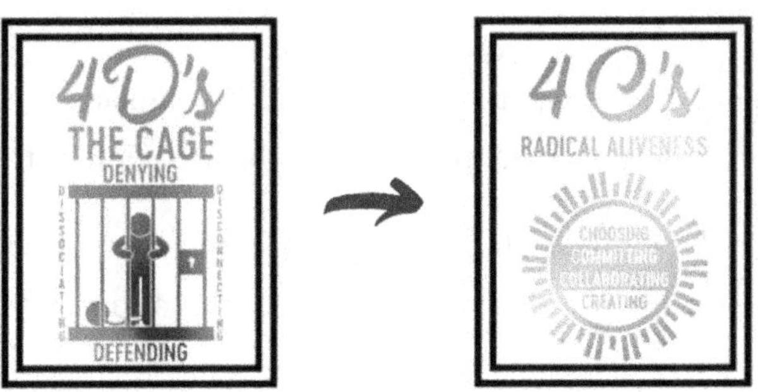

Mucha gente llama al programa de radio para que les facilitemos información. Hace poco una mujer llamó desde Arabia Saudí y tuvo que hablar bajo un escritorio por Skype porque si la descubrían haciendo preguntas sobre esto, la matarían. Mantengo ese programa en antena para otra persona como ella, que quizá nunca tenga la oportunidad de decir lo que es verdad para ella, excepto en ese momento de espacio en Arabia Saudí. Esa es la huella de mi alma.

No sé lo que vais a hacer, pero algo va a cambiar. La gente y las cosas en las que estás invertido e involucrado - tus hijos, tu familia, tus flujos de dinero - van a cambiar porque lo vas a ver de otra manera. Cuando veas que esa cuenta baja y tengas esa sensación familiar en el cuerpo, quizá te digas: "¿Quién estoy siendo ahora mismo?".

Lo que sea que cambie la energía, te despierte y te diga: "Vale, si estoy siendo esto ahora mismo, ¿qué se siente?".

"Bueno, eso se siente bastante horrible, ansioso. ¿Qué puedo elegir que sea más ligero y correcto para mí?"

Coge el teléfono y llama a alguien, consigue una sesión o lo que sea. Vende un condominio o una casa. Lo que sea - ahí lo tienes, tienes dinero.

"¿Qué estoy siendo cuando esa sensación familiar y la cuenta bancaria bajan?".

"¿Qué estoy siendo ahora mismo?"

Normalmente, es patético. Normalmente estás asustado, abrumado, apagado, denso.

"Vale, ¿cómo sirve eso a lo que estoy creando? ¿Eso es destruir mis creaciones o crear mis creaciones?".

Si no está creando tus creaciones, toma una decisión diferente y haz lo que haga falta: sal de casa, vete a pasear, sube a la Tierra, súbete a un caballo, sube a cualquier otra cosa.

Lo que tengas que hacer. Se trata de hacer, no de pensar. Se trata de hacer desde un espacio de percibir y recibir. Entonces, la mejor pregunta que puedes hacerte es: "Vale, eso está pasando. ¿Qué mentira me estoy creyendo ahora mismo que he asumido como cierta?".

Y cuando recibas la respuesta, si es pesada, no te la creas. Es mentira porque no puedes cambiar una mentira. No puedes cambiar la pesadez. Sólo puedes cambiar haciendo lo que es ligero y correcto para ti.

Cada vez, sigue lo que es luz para ti. La luz engendra luz.

Estoy contigo. Te garantizo que tienes perspicacia y mucha brillantez que ofrecer a la gente. Y te digo que cobres por ello.

Cobra por ello.

Y te garantizo que puedes crear algo con tus manos que nadie más puede. Y yo digo, usa ese dinero de tu brillantez para crear más brillantez para vender más brillantez tuya, para que más brillantez tuya aparezca en el mundo. Cada vez que fluye, crea más. Porque estás dando un paso adelante para ser tu ROAR, y tú siendo tú haces eso.

Cuando alguien viene a mí y me abre la puerta un grado, puedo ir a por todas. Puedo rescatar a los mejores. Soy un hijo del medio. Sé cómo superar las cosas. He sobrevivido a mucho. Puedo con mucho, así que preséntame algo, no hay problema. Pero tuve que aprender a retirar mi energía, ampliar mi espacio, usar mis dos orejas, y cuando alguien viene para un trabajo individual, le digo: "Muy bien, cuando te vayas de aquí, ¿qué quieres que te quede, sólo por hoy?". Normalmente dicen: "No lo sé".

"Bueno, me estás pagando. ¿Qué quieres hacer?"

Y les hago pasar al frente y decir lo que les gustaría hacer para que luego podamos ir a ese espacio que les capacita para seguir eligiendo más, que es la ligereza de ti.

Lo más importante es que hagas lo que te gusta, lo que te resulta fácil, que te paguen por ello y que sigas creando, porque eso es vitalidad radical.

Cuando vivimos de otra manera, estamos muertos.

Y no sé tú, pero estar muerto no es divertido.

Fíjate lo poco que hablamos de dinero en este capítulo, porque eso es todo. El problema de dinero que tenemos realmente no tiene nada que ver con el dinero. Tiene que ver con las mentiras que compramos como verdaderas.

Sin embargo, cuando estás hablando específicamente de dinero y te ves constreñido por el dinero o estás intentando crear algo, ¿quién estás siendo?

"¿Qué estoy siendo cuando elijo a mi madre y a mi padre?".

"¿Qué mentira me estoy creyendo que estoy llamando verdad que me mantiene eligiendo contra mí? Ahora que sé que son mi madre y mi padre y no yo".

Esas son las cosas más fáciles que puedo decirte para que camines contigo mismo. Eso abrirá el espacio para elegir una posibilidad diferente.

La pregunta es si estarías dispuesto a hacer eso por ti...
¿un grado más?

Esto del dinero es complicado.

Hay una epidemia de abusos en esta realidad; es la norma de esta realidad: el malestar por ser nosotros.

Las mentiras del dinero consisten realmente en enfrentarse a: "¿Quién estoy siendo, qué estoy siendo, qué mentira me estoy creyendo que he hecho que sea verdad?". No es trabajo para los débiles. Es trabajo para el RUGIDO malvado dentro de ti que dice, "No más. Ya no vale la pena esconderse detrás de eso".

Eso es lo que dije cuando me di la vuelta y me enfrenté y miré todas las décadas de perpetración y toda la mierda a la que tuve que enfrentarme.

No más.

No iba a ser esclavo de eso.

Y si puedo ayudar a una persona con lo que digo, voy a hablar de ello. Y voy a salir ahí fuera porque muchas otras personas como yo también saldrán ahí fuera. Después de todo, estoy hablando de ello. Pueden ver que no morirán si hablan de lo que es verdad.

Pero nos escondemos detrás de nuestros pedruscos, nuestros sistemas de creencias, nuestros puntos de vista, nuestra madre y nuestro padre, nuestros trabajos, nuestra pobreza, nuestro estancamiento, nuestros fracasos, nuestro esto y nuestro aquello.

Y nos mantenemos patéticos.

Si estás leyendo esto, no tienes nada de patético. Sois las personas que exigís tener dinero porque el dinero en vuestras manos cambiará este mundo.

El dinero en tus manos inclinará el mundo sobre su eje, pero no las fallas. Y si lo hace, no pasa nada porque rugirás.

¡Sé tú, más allá de todo y crea magia!

17

ABANDONA LAS MENTIRAS

El dinero es un tema muy pesado para la gente. Saca a relucir tanta basura, negatividad y destrucción, bloqueos, pesadez y miedo; básicamente, todo lo que hay bajo el sol. Pero también por eso merece ser discutido, tanto como la salud, el sexo o las relaciones. El dinero tiene un profundo impacto en nuestras vidas y tenemos nuestros propios problemas con él.

Para mí, mi único problema era que siempre podía hacer dinero pero nunca podía permitirme tenerlo, conservarlo. Y entonces empecé a notar que había un patrón en mis clientes que tenían el mismo 'problema de presentación', donde podían crear dinero, pero nunca lo conservaban o lo tenían.

Empecé a ver y a ser testigo de cómo esta gente con la

que trabajaba, gente realmente estupenda, sucumbía bajo ese gurú, esa cosa divina que llamaban dinero.

Entonces, hace algún tiempo, algo cambió completamente para mí, financiera y energéticamente, donde muchas de las cosas de las que hablé aquí simplemente desaparecieron. Ni siquiera sé lo que pasó.

No fue como una separación de los mares, Moisés y todo eso. Sólo parecía cambiar.

Ahora bien, eso no significa que sea perfecto o que no pueda hacerlo mejor porque, para mí, siempre estoy creciendo, ¿verdad? Siempre estoy mejorando.

Si te curas de una enfermedad potencialmente mortal sin medicamentos alopáticos, ganas algo con ello. Yo gané algo con ello y lo arriesgué todo económicamente para hacerlo. Fue la mejor decisión financiera que he tomado nunca, y lo que aprendí de ello es que siempre se gana más dinero.

Y lo hice.

Al alinearte sistemáticamente con lo que te hace sentir ligero y correcto, y al dar el siguiente paso que se te presenta, sigues de forma natural un camino guiado por la energía positiva. Esta alineación no sólo da forma a tus acciones, sino que también refleja lo que hay en tu interior. Como resultado, el dinero tiende a seguirte porque tu alineación interior y tu energía positiva crean un entorno propicio para atraer la abundancia financiera.

Sin embargo, a medida que la energía de mi realidad financiera cambiaba, vi que muchas personas con las que trabajaba, y colegas, no salían de ella.

Si no entiendes nada de lo que digo, no pasa nada. Aprecio que la gente no entienda porque, cuando lo hace, quizá sólo esté imitando el punto de vista de otra persona.

Y no quiero que te quedes bajo el punto de vista de otra persona porque ha habido tantas décadas en las que todos nos hemos encarnado y abrazado bajo el punto de vista de otra persona - y luego hemos llamado a eso nuestra realidad.

Una vez más, este capítulo hablará menos de dinero y efectivo real, pero en su lugar se centra en todo lo que realmente necesita para crear su "flujo de dinero" - o la falta de ella - en su cuenta bancaria, cartera, inversiones, chequera, y en su bolsillo en este momento.

Todo lo que vamos a hablar es lo que se actualiza como su realidad financiera.

Verás, mi padre siempre me hablaba de las relaciones. Decía: "Dicen que los opuestos se atraen". Eso es lo que tengo. ¿Y ves cómo funcionó para nosotros?" Hablaba de su matrimonio. Y ahora, todos saben que ese fue otro problema y fui a mucha terapia por eso.

Por eso me licencié en psicología, para poder evitar que otras personas hagan eso. Te enseñan lo que tienes que hacer en la vida de una determinada manera.

Me dijo algo así como: "Ponte con alguien con quien puedas colaborar, alguien con quien puedas trabajar, esforzarte y crear algo juntos. Pero no pongas todos tus huevos en alguien para hacer tu vida".

Tomé las cosas que me dijo en esos momentos como la mejor educación empresarial y financiera que podía tener.

Recuerdo mis primeros días en Nueva York, viendo a todo el mundo caminar hacia la estación de tren porque se esperaba que yo fuera a trabajar a la ciudad en Nueva York. Se esperaba de mí que cogiera el tren a diario y fuera a trabajar a algún lugar de negocios. Se esperaba de mí que me pusiera un traje a diario, me calzara zapatillas de deporte o deportivas y me metiera los tacones en el maletín, y caminara hasta el metro y llegara a la ciudad.

Eso es lo que tenía que hacer.

Recuerdo que miraba la luna por la ventana de mi habitación y decía: "Dios, hagas lo que hagas, no me dejes vivir una vida sin alma".

Sí, un poco de juicio.

Por lo que vi, todos los que caminaban hacia la estación de tren, hombres y mujeres, nadie estaba contento. Nadie sonreía. Todos parecían desamparados.

Mientras tanto, mi padre, en momentos en el sótano, me enseñó a ser feliz de verdad y a hacer lo que me gusta. Así que dejé Nueva York en cuanto pude y me fui al oeste. Cuando llegué a California, todo el mundo me decía: "Sí, es viernes y lunes. Vamos a montar en bici. Y es martes y miércoles o jueves... montemos en bici. Vayamos de excursión".

Pensé: "¿La gente no va andando al tren, va a la ciudad y trabaja todo el día?". No, trabajaban en vaqueros y pantalones cortos y ganaban mucho dinero y tenían sonrisas en la cara, esa era mi gente pensé.

Esos momentos con mi padre fueron muy importantes, y de ahí me vino el amor por el dinero. Ese amor de esos momentos con mi padre por el dinero lo cambió todo para mí.

Hubo un poco de lucha durante algunos de esos años, pero ahora, al recordar estas historias y la energía de mi amor por el dinero, en realidad está creando más dinero, más negocios, más diversión, más alegría, más comunión con la tierra, mejor sexo, y una relación más feliz dentro de mí - una relación sana dentro de mí y mi cuerpo.

Así que hubo algo en esos primeros momentos, en saber cómo se siente el dinero, a qué huele, a qué sabe, y la historia de amor que tuve con él, que realmente ha sido el interruptor que ha abierto el grifo del efectivo y el grifo del dinero para mí. De lo contrario, nunca lo habría sabido.

18

LA LIBERTAD DE LA AMPLITUD

¿Por qué te pido que renuncies a tus mentiras de dinero?

Porque todo lo que crees de otra persona que no es tuyo, lo haces verdad para ti, y entonces nunca puedes cambiarlo o superarlo porque no es tuyo. No puedes cambiar algo que no es tuyo.

¿Alguien tiene algo en su vida que no está cambiando? A partir de hoy, espero que preguntes: "¿Es mío?".

Una vez más, ¿es mía? ¿Es mi creencia? ¿Mi realidad?

Porque si no consigues que sea ligero y chispeante y burbujeante y expansivo cuando haces la pregunta: "¿Es mío?" y, en cambio, lo sientes denso y constreñido en tus entrañas y pesado, es una mentira que te estás creyendo.

Si se siente ligero, expansivo, libre, alegre, es verdad.

En la medida de mis posibilidades, quiero que todos seáis un poco más de pizarra abierta que cuando empezasteis a leer este libro. Porque todos venimos con nuestros puntos de vista, nuestra realidad, nuestros deseos, nuestros problemas, nuestros asuntos para los que necesitamos nuestros pañuelos - todas las cosas que nos hemos sentido incapaces de superar.

Y lo que he descubierto con mis clientes y conmigo mismo es que ni siquiera son nuestros.

Los hemos adoptado.

Ninguna de esas cosas tiene nada que ver contigo.

No estoy tomando café contigo y diciendo estas cosas sin motivo. Las estoy compartiendo para que podamos llegar a lo que sea que ese uno por ciento sea para ti - y que espero que contribuya a que salgas de aquí y recibas una llamada telefónica de quien te debe dinero, que va a poner un depósito en tu cuenta. O, si estás buscando un nuevo puesto, que te llegue por correo de alguna manera, o por correo electrónico o por teléfono.

O que tal vez mañana abras el periódico, o mires en internet, y algo que has estado deseando, sin saber siquiera que lo estabas deseando, aparezca en tu pantalla... algo así.

Volviendo a mí y a mi proceso, por fin llegué a Texas. Lo único que sabía de Texas eran mis propios juicios. Ni siquiera sabía que tenía un juicio sobre Texas.

Luego, cuando llegué a Texas, y pensé: "Oye, me gusta esto".

Sigo sin entenderlo y no necesito entenderlo. Hay una amplitud allí, una facilidad, y me gusta la facilidad.

Nunca aparece como piensas, como esa invitación a esa posibilidad y a la vida que he creado.

Lo vendí todo, me desprendí de todo, solté todo lo que no quería venir conmigo cuando me fui de California. Ni siquiera lo vendí todo. Vendí una parte y regalé la mayor parte. Ni siquiera me importaba.

Sabía que había llegado el momento de marcharme y, cuando llegó la invitación, me fui.

Lo que ha conspirado para bendecirme a través del universo a partir de esa elección de seguir lo que es luz y correcto me hizo feliz. Y no fue trabajo ni dinero por lo que tomé la decisión.

Era la Tierra. Eran los caballos. Era mi cuerpo. Fue la

elección de una posibilidad de relación, y funcionó, al principio. Ni siquiera lo imaginé.

"Vaya, así que esto es lo que pasa cuando es ligero y correcto, y lo sigues", debes estar pensando.

Sí, y la providencia también se mueve. El universo conspira para bendecirte. Lo peor de la mudanza fue que me deprimí un poco. Porque, después de mudarme y de que todo fuera tan bien, tuve que mirar todas las elecciones que había hecho anteriormente que no eran ligeras y correctas para mí.

Y eso es parte de lo que hago aquí en Las Mentiras del Dinero. Hablo de cosas por las que realmente he pasado. No sólo lo tomo de un libro, o una premisa, o simplemente es pegadizo escribir un libro de dinero. "Oye, ven a mí. Tengo tus respuestas sobre las Mentiras del Dinero."

El libro Las Mentiras del Dinero y los talleres son lo que he aprendido y visto a través de seguir exactamente lo que estoy diciendo aquí; usándolo con mis clientes, y viendo mi vida entera expandirse. Viendo mi cuerpo, mi salud, mi felicidad, mis flujos de dinero, mis clases y mi efectivo cambiar.

Tengo ideas creciendo, libros que he escrito y en los que he participado, y otras cosas que se están haciendo y que nunca pensé que llegaría a hacer. Cosas que pensaba que ocurrirían dentro de 20 o 30 años están ocurriendo ahora mismo, sólo porque he dicho "Sí" a esta posibilidad.

¿A cuántas posibilidades has dicho "No" que en realidad eran tu "Sí" y que habrían cambiado todo lo que llamas malo en tu vida ahora mismo?

Así que aquí está la mayor mentira de dinero - y realmente voy a decepcionarte y lo siento.

La mayor mentira del dinero se refiere a tus sistemas de creencias y suposiciones sobre el dinero, y a lo que te han contado sobre el dinero.

La mayor parte de mi historia, como he relatado aquí, ha sido sobre mí y mi "proceso" en relación con lo que esta realidad, o madre o padre o quien sea, me dijo sobre el dinero.

Pero nunca se trata de dinero.

Este pedacito de papel en realidad no significa nada. Esta cosa aquí - lo que estás diciendo - es el arruinador, destructor y problema en tu vida.

O decimos que esto nos da la felicidad. O decimos que esto es la raíz de todos los males.

Decimos que tenemos que trabajar duro para conseguirlo.

Decimos que sólo somos valiosos si lo tenemos, que sólo valemos algo para alguien por lo que conducimos, lo que vestimos, con qué nos adornamos y a qué vacaciones podemos ir. No digo que todas esas cosas no sean bonitas, porque a mí también me gustan. Pero, ¿cuántos de ustedes se han vuelto dependientes del dinero como la causa o el fin de su alegría, su felicidad o su valor?

Entonces, ¿estarías dispuesto a renunciar sólo a un uno por ciento más de tu mentira de que el dinero significa algo para ti, que el dinero es tu dios o tu gurú, o que el dinero tiene algo que ver con tu autoestima?

¿Estarías dispuesto a renunciar a eso un uno por ciento más?

Y en todas partes hiciste lo de la zanahoria y dijiste: "Si sólo tengo esta cantidad de dinero, entonces será mejor. Si sólo hago esto, entonces seré feliz. Si consigo cincuenta mil dólares, seré feliz. Si consigo pagar el alquiler del mes que viene, entonces estaré contento".

"Si tengo esta cantidad en mi cuenta bancaria, le daré propina a esa persona".

"No voy a dar el veinte por ciento porque me han pisado", pero en realidad es porque no tienes ese veinte por ciento extra en tu mentalidad.

Te contaré uno de mis pequeños trucos.

Cada vez que siento esa constricción o jaula en torno al dinero, doy más.

A veces es muy difícil dar más, y a veces ni siquiera es dinero lo que doy. A veces, es con comida o ropa. Paso por muchas cosas -cuando solía tener muchas cosas- y le pido al objeto que me diga ¿a quién le gustaría ir? ¿Y regalarlo o donarlo?

Mis amigos me querían. "No quiero esta silla. No quiero este sofá. Aquí tienes. Quédatelo".

Prefiero quedarme sin algo que quedarme con algo que ya no me sirve. Me llevó un tiempo llegar a ese punto, pero tomé una decisión. Exigí que todo lo que me rodea, en lo que me siento, toco o pongo en mi cuerpo tiene que sentirse de cierta manera. Tiene que hacerme sentir bien, o hacerme sentir guapa. Tiene que ser suave, no apretado.

Sí, le pregunto a mi cuerpo qué le gustaría ponerse cada día. ¿Qué color, qué energía?

Estas son las cosas que las mentiras nos sacan de recordar - la comodidad, la facilidad, la felicidad.

Así que aquí estoy recordándotelo. Puedes crear facilidad, no tienes que abrazar la enfermedad.

19

¿POR QUÉ LO HACEMOS POR DINERO?

Entonces, ¿por qué lo hacemos por dinero?

A esta realidad le gusta señalar con el dedo. Mientras se trate de la otra persona de la relación o del médico que no te diagnosticó cuando descubriste que tenías algo o de lo que no hay en tu cuenta bancaria, sientes que estás libre de culpa.

Pero lo que no hace es cambiar tu forma de ser con el dinero.

¿Estarías dispuesto a cambiar tu forma de ser con el dinero sólo un grado más? Así que vamos a empezar con esto, otra mentira, # 2.

La segunda mentira es que tu patrimonio neto equivale a tu autoestima.

Entonces, dime, ¿cómo es que tienes que tener dinero para ser digno? ¿Cómo es que, sólo por ser tú, no estás bien económicamente?

Volveré sobre ello dentro de un momento, pero antes quiero compartir una historia. La primera vez que conocí a Gary Douglas, el fundador de Access Consciousness, me estaba haciendo de facilitador en un taller de 7 días en Nueva Zelanda y me dijo: "Cariño, eres una zorra".

Empecé a llorar porque creía que era malo ser una zorra, y no sabía que lo creía a ese nivel, o que creía que la razón por la que abusaban de mí era porque era una zorra. Creía que había hecho algo malo.

Y entonces me dijo: "Cariño, ¿quieres saber lo que quiero decir con eso?".

Le dije: "Por supuesto".

Me dice: "¿Tienes algún juicio sobre alguien o algo?".

"No, la verdad es que no".

Y me dijo: "A pesar de todos los abusos que sufriste, ¿odiabas a la gente?".

"No."

Me dijo: "¿Sabes que eso es raro y que es diferente?".
"Lo sé."

Y dijo: "Puedes recibir de cualquiera. Y puedes recibir cualquier cosa, y esa eres tú. Así que, ¿te gustaría encarnar a la zorra que realmente eres?"

Y yo dije: "¡Claro que sí!".

Pero me quitó ese cambio de criterio sobre lo que significaba ser una puta porque, hasta entonces, estaba relacionado con mis abusos pasados.

Como alguien que experimentó muchos abusos, me llevó mucho tiempo permitir que mi cuerpo disfrutara, de la cabeza a los pies, de una encarnación orgásmica completa. Y todavía tengo algunas cosas alrededor, pero es noventa y nueve punto nueve por ciento mejor.

Entonces dije: "Pero, ¿qué es una puta?".

Y me dijo: "Oye, nena, la puta se queda con el dinero".

Y eso es verdad, porque si él o ella no va a conseguirlo, tiene a alguien para ir a buscarlo.

Eso es lo que quiero ser, un receptor de todas las cosas buenas.

No digo que tenga que chulearme o ser inauténtico. No estoy diciendo que joda a la gente, ni que mate a la gente. Y no estaba diciendo eso; me estaba planteando algo tan escandaloso para hacerme pensar fuera de mi propia jaula de lo que no recibiría. Fue increíblemente liberador en ese momento.

Digo que todo lo que pensamos puede destruir nuestra capacidad de crear y actualizar si tenemos un juicio fijo adjunto.

Cuando estés juzgando a alguien, notarás que tu corazón o tu cuerpo se contraen, o te sientes algo denso, o quieres retroceder.

¿Cuánto puedes recibir de ellos? Lo mismo ocurre con el dinero.

Cuantos más juicios puedas recibir y cuantos más juicios puedas soltar, más dinero fluirá y más efectivo llegará a tu vida, y más recibirás lo que realmente deseas.

Aquí he saltado a la mentira #3 - que es sobre recibir y juicios en tu vida.

No estoy diciendo que te pongas delante de la sala y digas: "Todos, ¿podéis juzgarme? Tiradme vuestros dardos".

Así que, todas las relaciones en las que ya no estás y que dejaron una huella en ti sexualmente - las relaciones sexuales en las que ya no estás, incluyendo los matrimonios que dejaron una huella en ti, sobre sus puntos de vista acerca del dinero, sobre sus puntos de vista acerca de ti, sobre sus puntos de vista acerca del dinero en efectivo, sobre sus juicios acerca de ti que todavía están nadando alrededor en tu conciencia celular, ¿te gustaría estar energéticamente divorciado de eso?

¿Te gustaría disipar y liberar eso a la tierra? ¿Te gustaría devolverles todo lo que es suyo con la conciencia adjunta? ¿Te gustaría liberar todo tu sistema sexual de su realidad? ¿Y dejar que tu sexualidad florezca, florezca? ¿Con nuevas posibilidades?

Actúa ahora. Destruye tus mentiras haciéndote preguntas que las deconstruyan.

20

¿A QUÉ TE NIEGAS?

¿Qué te niegas a ser cuando pones el dinero en tu cartera y le preguntas qué le gustaría decir, y te dice: "No me quieres".

¿Qué te niegas a ser para cambiar esa energía de inmediato?

Qué es lo que todos ustedes se niegan a ser con el dinero que, si sólo lo fueran - si lo amaran, si lo frotaran, si lo honraran, si lo respetaran, si lo besaran - no me importa lo que hagan con él - pero si lo aman, lo crean desde la alegría de la posibilidad de quiénes son y lo que les gustaría como su realidad, vendrá.

El universo conspirará para bendecirte, pero tienes que elegir y comprometerte contigo. Es tu oportunidad y tienes libre albedrío.

Comprométete contigo, no sólo porque yo te lo diga.

De lo contrario, no estás utilizando tu dinero como posibilidad. Y no estás usando tu dinero como posibilidad porque no estás dispuesto a ser la posibilidad.

¿Y si fueras la posibilidad andando y esa fuera tu realidad financiera?

Uno de los participantes en mis talleres de Mentiras del Dinero compartió en este punto: "El dinero siempre se utilizó como castigo en mi familia.

Mis padres se divorciaron y mi padre castigó a mi madre quitándole todo el dinero porque la quería. Él quería quedarse con ella y ella no, así que acabamos con ella viviendo en París, pero en un apartamento minúsculo siendo pobre. Esto fue después de ser la hija de un embajador que vivía en una casa enorme en el mejor sitio de París".

Así que le hice una pregunta: "¿Qué decidiste sobre el dinero en ese mismo momento, a partir de lo que viste con tu madre y tu padre? ¿La verdad?

Primer pensamiento, mejor pensamiento, ningún pensamiento".

Ella respondió: "Ese dinero era mezquino".

"Exactamente. ¿Puedo compartir algo contigo?

La forma en que acaba de hablar a su dinero allí, "Pero yo hago todo," - eso es mezquino ". Puse de relieve su actitud hacia el dinero. Y ella estuvo de acuerdo.

Continué: "Y por eso lo que quieras cambiar con el dinero no está cambiando, y no tiene nada que ver con el dinero.

Tiene que ver con que eres mezquino y eliges ser mezquino igual que tu madre y tu padre lo fueron el uno con el otro.

¿Cuánta locura estás dispuesto a dejar esta noche sobre lo que tus padres te enseñaron sobre el dinero?

¿Cuánta locura? Porque puedes escuchar cuando empiezas a contar la historia, era como, "Maldito Paris, dinero, divorcio. Sácame de aquí, sálvame, sálvame".

Pero la realidad es que todos tenemos algo de locura en torno al dinero.

Por eso la mentira #2 es que nuestro valor neto tiene algo que ver con nuestra autoestima. Es por eso que lo hacemos sobre el dinero y vamos a todos estos talleres de dinero donde pensamos que alguien nos va a dar la respuesta a nuestro flujo.

Bueno, la respuesta no es una configuración o un cálculo, la respuesta eres tú siendo tú".

"¿Eres malo?" pregunté, tratando de comprender la naturaleza intrínseca de este individuo.

"Intrínsecamente, sin embargo, ¿quieres decir? Cuando eras niño y veías lo que hacían tus padres, ¿te gustaba?". Indagué más, invitando a reflexionar sobre las influencias de la infancia.

"No, iba a decir que fui muy mala, pero sí", admitió.

"Espera un segundo... esto es bueno", hice una pausa, reconociendo un momento crucial. "Di: 'Soy malo'".

"Soy malo", respondió el participante.

"Di: 'Soy jodidamente malo'".

"Soy jodidamente malo", repitió el participante.

"Definitivamente sé que no me gustaría estar en tu otro lado, en ese lado malo porque podrías cortarme justo por la mitad, ¿no?". Comenté, reconociendo el potencial de los bordes afilados.

"Oh, sí", afirmó el participante.

"El dinero viene a la fiesta de la diversión. No viene a la mezquindad, y siendo rebanado, todo el mundo huirá. ¿Has acabado con que la gente huya de ti?".

inquirí, dirigiendo la conversación hacia una transformación.

El participante reveló entonces un giro familiar a la narración. "Como mi padre no le daba suficiente dinero a mi madre, en venganza, mi madre me metió en los colegios más caros del mundo para que él tuviera que pagar los colegios y gastarse el dinero".

"Así que la otra mentira de la que iba a hablar esta noche es que el dinero es tu enemigo: el dinero como tu perpetrador, no como tu aliado, y de eso es de lo que ella está hablando aquí", expliqué, uniendo los puntos.

"¿Te gustaría renunciar a eso un grado más?". pregunté, ofreciendo una oportunidad para cambiar de perspectiva.

"Sí", afirmó el participante, mostrando su disposición a desentrañar las capas de condicionamientos del pasado.

Y así es como fuimos capaces de descubrir las mentiras para este individuo, llevándolo de un lugar de confusión y frustración con el dinero a la voluntad de transformarse, comenzando con sólo el cambio de un grado.

Podía entender de dónde venía porque eso es por lo que yo pasé. Mi madre también usaba el dinero con nosotros, sin que lo deseáramos, para expresar su enfado con mi padre. Yo no quería esas muñecas repollo. Yo era un poco marimacho y no quería muñecas repollo, pero era la década de 1980 y una gran cosa en ese entonces, y tan buen ejemplo de spendng por mi madre como una reacción a la ira contra mi padre.

Mi madre se lo contó a mi padre y le dijo: "Necesito más dinero para esto. Lisa, cuéntale a tu padre lo de da, da, da, da".

Y yo dije: "Ni siquiera, ¿cómo qué? Sí, tengo muñecas Cabbage Patch, gracias papá".

Salí y me fui a algún sitio. "Dios mío, esta gente está loca. ¿Qué es esta realidad?" Es una locura cómo la gente usa el dinero.

¿Sabía ella algo mejor? No, esa era su dinámica, resentimiento, rechazo, arrepentimiento en torno al dinero.

¿Te gustaría salir de la realidad de tu madre y de la de tu padre o de la del policía o de la de Hacienda o de la de tu ex?

¿Y estarías dispuesto a abandonar la mezquindad que elegiste como disfraz, como persona, basándote en lo que presenciaste?

Sólo un grado más porque hay una belleza y suavidad dentro de ti que es tu verdadero yo. Puedo ver eso, pero está debajo de toda esta armadura de esa mezquindad. Y no hay nada más doloroso que vivir como si no fueras tú con esa armadura.

Lo sé porque yo también lo viví.

Una vez que se haya ido, una vez que te desprendas de ella y entres en ti, la providencia también se moverá.

21

EL DINERO DA LIBERTAD

El dinero te da más libertad y control, ¿verdad?

Esta realidad pulsa en ella, ¿verdad?

Puedes luchar todo lo que quieras y crear todo lo que quieras, pero ¿adivina qué?

Si sigues haciendo eso perderás porque esta realidad vibra diferente.

¿Y si gastaras toda tu energía en recibirlo en lugar de rechazarlo? ¿Quién serías entonces?

Así que es una elección.

Créeme, desarrollas algunas limitaciones cuando tienes un montón de dinero en el mostrador cada semana y observas lo que ocurre. Desarrollas una encarcelación, y entonces creas una encarnación cada día.

Es la misma locura una y otra y otra vez hasta que realmente olvidas que tienes una opción diferente, y que lo que estás creando no es quien tú eres hasta que despiertas ese momento y dices: "Me niego a seguir haciendo eso. Voy a ser yo".

En un taller había una participante que puso de manifiesto su peculiar relación con el dinero, mostrando su habilidad para generar fondos rápidamente pero enfrentándose al aspecto menos agradable de la devolución. Deseosa de profundizar en la dinámica subyacente, le pregunté: "¿Qué es lo que más te gusta de odiar devolver el dinero a la gente?".

"Es como si una vez que les pago, se pueden ir", confesó el participante. Reconocí la aparición de un patrón e indagué más: "¿Tiene algo que ver con el dinero?".

"No", fue la respuesta, afirmando el distanciamiento del aspecto financiero.

"Mentira nº 1 en acción", señalé, haciendo hincapié en la desconexión entre el problema percibido y sus raíces reales. Animando al participante a vocalizar el patrón, le pedí: "Dilo otra vez: 'Así que cuando se lo devuelva...'".

"Cuando les pague, entonces podrán irse", reiteró el participante.

"Y si se van, ¿qué pasa entonces?". Continué, desenredando las capas.

"Entonces los pierdo", reconoció el participante.

"Y si los pierdes, ¿qué significa eso sobre ti?". indagué, guiando al participante para que reflexionara sobre las implicaciones más profundas.

"Que no le gusto a nadie", fue la reveladora respuesta.

"Y si no le gustas a nadie, ¿qué significa eso de ti?". Seguí presionando, ahondando en las creencias fundamentales.

"Estoy en blanco", admitió el participante, llegando a un punto de incertidumbre.

"Bien, porque ahora estamos llegando a algo que no conoces". Observé, reconociendo el surgimiento de emociones inexploradas.

"¿Qué te gusta de no tener gente alrededor y poder estar solo y no ser nada?". inquirí, con la intención de sacar a la luz las motivaciones ocultas.

"Entonces podré hacer lo que quiera", reveló el participante, arrojando luz sobre un tema recurrente.

"¿Tiene esto algo que ver con el dinero?". pregunté, suscitando una reflexión sobre la conexión entre los patrones observados y las experiencias financieras de los participantes.

No, pero lo proyectó en el dinero, así que todo su lema era estar sola y hacer lo que quisiera. Tenía que proyectar toda esa mierda en el dinero, toda esa dinámica de llegar hasta el último momento con toda la gran catástrofe y el drama y conseguir dinero y pedir prestado y que la gente se lo diera, y luego tener que devolvérselo. Puso los frenos para mantener el control.

Tal vez elijas hacerlo con ropa en lugar de con dinero.

Es como decir: "Permítanme tomar la misma cosa en la que esta realidad se centra y funciona y crear tal lucha y drama y trauma sobre ella para que nunca pueda realmente llegar más allá de ella, y nunca entrar en una relación con ella, y nunca ser un aliado con ella, para que siempre pueda estar en lucha con la misma cosa en la que esta realidad pulsa. Salud".

¿Cuántos de ustedes también lo hacen? En realidad quieres más control, más poder en tu vida, pero sólo lo proyectas en tus finanzas. Esto también es abuso financiero. Y debes reconocer tu comportamiento y trabajar hacia una transformación.

22

¿CUÁL ES LA RESPUESTA CORRECTA?

Cuando murió mi padre, me dejó un lío para que lo limpiara -un lío más allá de los líos- y todavía lo estoy limpiando. Gracias a Dios ya casi está.

Sin embargo, cuando estaba vivo dijo muy claramente: "Quiero que todos lo tengáis y lo utilicéis, y me encantaría veros a todos utilizarlo y tenerlo, ¿y cómo puedo apoyaros?".

Él hizo el plan. Simplemente no escuchamos.

Pero tenía un problema: no podía tener nada.

Tenía que dárselo a todo el mundo. Se lo dio a mi madre, a mí, a mi hermano y a mi hermana. Pagó muchas bodas de mis primos. Pagó las bodas de otras personas.

Era tan dadivoso, excesivamente generoso, pero era porque no se creía digno de tener nada de eso.

Pero, ¿qué significa tener dinero en esta realidad?

Algunos pensamos que si tienes dinero, estás a salvo. Pues yo conozco a mucha gente con dinero, y aun así les pasan cosas terribles.

¿Y si no tienes dinero, no estás seguro? Bueno, conozco a mucha gente que no tiene mucho dinero y no hay nada malo en su vida. Simplemente son felices.

Por lo tanto, estas cosas que la gente proyecta son todo insinuaciones, juicios y puntos de vista diseñados para controlarte y configurarte según el punto de vista de otra persona.

Cuando te configuras en el punto de vista de otra persona, ¿dónde encajas?

Tú no.

¿Cuánto has abdicado de tu realidad financiera para encajar en esta realidad financiera? ¿Eres de los que quieren ahorrar para un día lluvioso? ¿Es bueno ahorrar para un día lluvioso?

¿Cuál es la respuesta correcta?

Cuando impartí mi taller sobre las Mentiras del Dinero en Florida, fue tremendo, y todo el mundo no paraba de preguntar "¿cuál es la respuesta correcta? Me hizo mucha gracia y me pregunté si sería cosa de los floridanos. Saber la respuesta correcta.

Bueno, es bueno y malo pensar así. Porque te diré que probablemente soy la peor persona a la que acudir si buscas la respuesta correcta. Te volveré loco - no hay respuesta correcta. Es lo que es verdad y luz y correcto para ti.

Así que ser inquisitivo sobre lo correcto y la luz es bueno, pero no es algo universal y objetivo. El derecho y la luz son subjetivos y únicos para cada uno de nosotros.

Es como el sistema escolar de este país, que dice: "Si consigues esta respuesta, la metes en la casilla, obtienes un sobresaliente. Si te equivocas en tantas, obtienes un notable, si te equivocas en tantas obtienes un aprobado, si te equivocas en tantas obtienes un suspenso".

O, si estás en geometría como yo, la suspendes varias veces y te buscas un profesor particular hasta que apruebas, ¿no?

Esa es la realidad. Tienes que tener la respuesta correcta para seguir adelante.

No es diferente de necesitar tener dinero para tener autoestima, ser algo mejor.

Volvamos al tema de ahorrar para un día lluvioso. ¿Quién nos enseñó esta idea? Bueno, ya no tenemos ni tres, ni cuatro, ni siete años, y nos olvidamos de que podemos elegir lo que es bueno y bueno para nosotros.

Esas muñecas repollo... ¿alguna vez me preguntaron por ellas?

¡No, yo quería GI Joe, maldita sea!

Me encantaba Superman, me encantaba jugar al fútbol, me encantaba ir a la ciudad.

Hice de modelo infantil en la ciudad, pero no quería hacer de modelo. Me gustaba el viaje en helicóptero, pero el modelaje era una mierda porque tenías que estar allí de pie y ponerte lo que quisieran que te pusieras.

No había elección.

Mi madre lo quería, ellos lo querían. Te pones de pie, lo haces. Así es como mucha gente se enferma con enfermedades que amenazan su vida, y tantas relaciones terminan horriblemente, y la gente tiene problemas de flujos de dinero - porque todos estamos eligiendo crear nuestra vida basados en algo o en el punto de vista de alguien que en realidad es una mentira para nosotros.

Y yo digo: "ROAR®. No más". Sé el estruendo.

Sé el tsunami, el terremoto.

Sé el flujo que altera la realidad física sólo con tu presencia. Di "Sí" cuando quieras decir sí, "No" cuando quieras decir no.

Deja de creer que el dinero es la raíz de todos tus problemas. Deja de creer cualquier cosa que te hayan dicho sobre el dinero. Simplemente di: "Maldita sea, si esta es mi realidad financiera, ¿qué podría

¿Yo elijo? Si hoy viviera mi realidad financiera, ¿quién sería?".

Porque, entonces, al menos sabes que estás en el presente. ¿Estoy diciendo que no ahorres?

No.

Estoy diciendo que no encarnes, configures, alinees, estés de acuerdo, te resistas o reacciones a cualquier cosa que no sea tu "Sí" - que es ligero y correcto y divertido para ti.

Sé tú, más allá de todo y crea magia.

23

BRILLANTE CON EL DINERO

Sólo tiene que hacer una pregunta y ya está.

Soy como un perro con un hueso cuando se trata de facilitación. Me gusta desmontarlo, desgarrarlo a diestro y siniestro y disipar el problema, y sacarte de ahí lo antes posible y llevarte a algo nuevo.

Así que empecemos este capítulo con algunas preguntas más.

¿Te gustaría tener más dinero?

¿Le gustaría tener menos dinero?

¿Proviene de familias muy ricas?

¿Provienes de familias muy conflictivas en lo que respecta al dinero?

. . .

En mis talleres por todo el mundo, la mayoría de la gente levanta la mano ante esta última pregunta. Todo el mundo viene de algún tipo de conflicto o lucha o situación problemática con respecto al dinero. Esa es la experiencia, la definición, la perspectiva y la comprensión de la mayor parte de esta realidad con respecto al dinero.

Es hora de abrir la puerta a una nueva posibilidad.

El tema del dinero lleva asociadas muchas proyecciones, juicios, separaciones, expectativas, resentimientos, rechazos y arrepentimientos. Esas energías alrededor del dinero colorean lo que realmente es la energía del dinero.

Desde mi punto de vista, la energía del dinero tiene que ver con la libertad, la expansión y la conciencia. Se trata de la luz, la plenitud y la libertad del don único y la capacidad de estar en el mundo, y ser eso en el mundo y hacer lo que sea que hagas, lo que sea que ames hacer que sea fácil y divertido para ti. Y, lo que es más importante, que estés en el mundo donde la gente excepcionalmente cualificada para trabajar contigo viene a ti, te recibe, y tú les recibes y colaboras en su nombre.

Tener dinero es la libertad y la posibilidad expansiva de cambiar esta realidad de acuerdo con lo que es ligero, correcto y divertido para ti. ¿Qué te gustaría ser y hacer si tuvieras todo el dinero que desearas?

¿Qué elegiría usted?

Lo que he descubierto en mi vida es que me resulta fácil generar y crear dinero. Ha sido realmente difícil, hasta el último par de años, tener dinero y permitirme tenerlo consistente y continuamente con inversiones, viajes, diversión, placer, e ir por todo el mundo.

Así que generar y crear era fácil para mí, pero el tener, el conservar, era algo que tenía que cultivar. Aquí es donde me vino mi primera mentira del dinero: que sólo podía generar y crear y no tener. Ahora bien, ¿eso lo creé yo?

No. Estaba imitando la realidad de mi padre.

Mi padre era un tipo pobre criado por un alcohólico y multimillonario hecho a sí mismo, pero lo dilapidó todo porque siempre me decía: "Yo era un chico pobre de Brooklyn. Nunca esperé hacer nada. Nunca lo merecí. No tenía a nadie. No tuve a nadie que me mostrara algo de bondad, y todo lo que quiero es que vosotros (refiriéndome a mi hermano, mi hermana, mi madre y yo) tengáis lo que queráis mientras estéis vivos. Lo quiero todo gastado para cuando me muera porque no me lo merezco".

No podía tener nada para sí mismo, pero podía dar cualquier cosa de sí mismo a cualquiera. Así que era muy generoso. Cada vez que íbamos a los partidos, yo le decía: "Papá, ven a sentarte con nosotros. Ven a estar aquí".

"No, ustedes diviértanse. Yo me lo paso muy bien. Me gustan vuestras caras de felicidad", decía. Hacía fotos y todo ese tipo de cosas. Tenía la tristeza de que era estupendo tenerle allí y hacer todo eso, pero, como niño, realmente deseaba tenerle allí, disfrutar más allá de los "choca esos cinco" de un gol o un touch down o, "Eh, necesitamos una cerveza", o "Eh, necesitamos un perrito caliente".

Cualquiera que sea esa energía de elegir no tener, pero sabiendo que puedes crear y generar, eso es un doble vínculo. El centro del doble vínculo es el dinero. Un lado es "No puedo tener. No merezco tener. No soy lo suficientemente bueno para tener" o alguna versión de eso. El otro lado es "Deseo que tengas".

"¿Qué más puedo darte? Déjame hacer esto. Déjame hacer eso".

Crecí en Nueva York y estudié en Connecticut. Mis amigos venían a mi casa y volvíamos juntos a la universidad. Sus padres les decían: "Aquí tienes 20 dólares", y el mío: "Aquí tienes unos cientos...".

Me daba tanta vergüenza que no tenía ni idea de cómo guardarlo o usarlo. Fue la experiencia más aleatoria. La verdad es que es una historia preciosa. Me encanta hablar de él porque justo al final de la calle es donde esparcí sus cenizas. Por eso me encanta volver a San Francisco.

Viví en San Francisco durante más de veinte años. Tuve una clínica y una consulta allí durante muchos años. Es un lugar muy significativo para mí, y esta es la primera vez que he estado tan cerca de donde dejé sus cenizas. Ha sido muy hermoso estar aquí.

En fin, definitivamente despilfarré mucho dinero. Yo era la reina de las mentiras del dinero.

Pensaba que era "ir a lo grande o irse a casa". Esa es una de las cosas que me enseñó en detrimento mío.

Otra cosa era que, cada vez que le pedía dinero, o cómo crearlo, me decía: "Muy bien, Lisa. Recuerda lo que te dije. Haz lo que amas... Y, mientras te hablo, tampoco te cases. Pero si lo haces, no hagas eso de que los opuestos se atraen porque no funciona".

Yo estaba como, "Gracias papá".

El caso es que cuando le preguntaba por el dinero, se limitaba a dar. Durante años, nunca aprendí a tener dinero por mí misma, o a generarlo y crearlo, a pesar de que él me decía repetidamente que no es sólo un mundo de hombres, sé tu propia jefa.

Tuvo tanta influencia en mi vida, y cuando se fue fue una especie de fastidio. Él hizo esta otra cosa extraña con el dinero, que era un doble vínculo. Puedes crear cualquier cosa que desees, pero yo soy la fuente. Él no dijo eso, pero eso es lo que yo interpreté, modelé y generé. Tardé mucho tiempo en cubrirme las espaldas financieramente.

Demos un paso hacia las infinitas posibilidades, la multiplicidad de posibilidades que se te presentan que son ligeras y correctas, y también para decir "no" cuando se te presenta algo que sabes que es mentira.

24

SEÑALAR CON EL DEDO

Hemos hecho este ejercicio varias veces en este libro, y quiero que reflexiones sobre él una vez más. Cada vez, te pedí que te imaginaras yendo a terapia de pareja con tu dinero, ¿qué pensabas que dirías?

¡No hagas esto!

¡No hagas eso!

¡Haz esto o aquello!

¿Ves la primera palabra que todo el mundo imagina en terapia de pareja? "¡Tú!"

Sabes que cuando señalas con el dedo, estás devaluando y repudiando lo que es verdadero dentro de ti. Eso en realidad crea ese juicio que proyectas fuera de ti.

Si alguien no es feliz en una relación, quizá quiera volver a leer esta parte.

Cuando señalas, estás juzgando. Y, cuando juzgas, estás realmente tomando lo que es tuyo y no manteniéndolo como tu verdad y haciendo algo con ello para cambiarlo. Lo estás poniendo en el dinero, la persona, la relación, el trabajo, el negocio, lo que sea.

¿Cuál es el propósito de acusar a otra persona de lo que tú mismo estás haciendo? Probablemente, ¿para que nunca tengas que mirarte a ti mismo y a lo que estás haciendo? Nunca tienes que cambiar lo que estás haciendo, así que todo puede seguir igual con lo que tú y tú mismo estáis haciendo. Siempre puedes tener la misma historia: "Por mucho que lo intento, nada me funciona. Lo he intentado".

Tienes una agenda secreta o mientes para mantener tus creencias sobre el dinero igual sin cuestionarlas, y nunca llegas al espejo, que eres tú. En lugar de eso, juegas un interminable juego de culpas sin retorno.

Ahora permítanme compartir algo más sobre la segunda mentira del dinero; "¿qué estás siendo?". Para mí, era no tener dinero, una especie de atracón y purga, usando a mi padre como fuente mientras crecía.

Recuerdo cuando vivía en Arizona y estaba sacándome el máster. Dirigía un centro residencial de tratamiento donde ganaba 30 dólares la hora. En aquella época, mi forma de conectar con el dinero y con la gente era decir: "Yo pago. Sal de ahí".

Y yo ponía dinero en el centro de la mesa -no sólo un billete de 100 dólares- y salíamos hasta que ese dinero se acababa.

¿Qué estaba siendo?

Estaba siendo mi padre sin saberlo.

Entonces empecé a meterme de lleno en su psicología, porque la única forma que tenía de conectar era a través del dinero. Si no tenía dinero, nadie querría salir conmigo, ser amigos y simplemente estar conmigo. ¡Qué sistema de creencias tan insano e insidioso!

Nadie me lo dijo. Lo creé porque eso es lo que mi padre insinuaba a su manera. Pensaba que no era digno de ser amado. Pensaba que no merecía nada. Y yo también lo pensaba, una y otra vez durante años. Así fue hasta que ocurrió algo.

Recuerdo bien ese día.

El día que vi ese cero en la cuenta bancaria.

Me entró el pánico. Estaba en estado de shock y no tenía a nadie a quien llamar porque me daba vergüenza llamar a mi padre después de todo el dinero que me había dado. Desde luego, no iba a llamar a mi madre porque sabía que acabaría en una letanía de palabrotas en italiano y más allá.

¿Qué estás siendo?

Estaba siendo mi padre una y otra vez. Entonces me invadió la soledad, incluso cuando salíamos de fiesta o lo que fuera. Dejó de ser divertido porque ya no era yo. Estaba siendo él, y sólo puedes ser algo un par de veces diferentes antes de que el circuito de tu mente se apague y ya no puedas utilizarlo. Es lo mismo con las adicciones. Llegas a cierto nivel, pero luego ese subidón desaparece y tienes que pasar al siguiente nivel. Tu nivel de tolerancia cambia.

Necesitas más, necesitas más y requieres más. Decidí, afortunadamente, que lo que más necesitaba era descubrir quién era y quién estaba siendo. Necesitaba elegir dejar de ser él. Y eso conllevaba todo un problema. ¿Tenía que renunciar a su amor por los negocios? ¿Era realmente sano su amor por los negocios? Y, ¿era realmente mi amor por los negocios o lo que yo imitaba de él?

¿Fue por su amor al dinero o por mi amor al dinero? ¿Estuve en la banca y en la escuela de negocios en la universidad por mí o por él? ¿Debería dedicarme a la psicología o a los negocios en Nueva York, como mi familia?

En realidad, eso nunca iba a ocurrir. Recuerdo que miraba por la ventana de mi habitación y veía a todo el mundo, hombres y mujeres, caminando hacia el tren, porque vivía muy cerca de la estación. Y, ¿adivinen qué? Nadie sonreía en el trabajo. Me prometí a mí misma que nunca desearía crearme una vida en la que no fuera feliz haciendo mi negocio o no me entusiasmara cada día.

¿Quiénes eran?

Una vez, en mi taller, la conversación giró hacia la estabilidad y la previsibilidad, y un participante reveló que encarnaba esos rasgos. Exploramos el origen de esta creencia, que se remontaba a su madre. La estabilidad y la previsibilidad se sentían conocidas y seguras, con un presupuesto fijo y claro.

Al profundizar, descubrimos que esta creencia estaba arraigada en el yo de ocho años del participante. Se formó entonces y seguía aferrándose a ella. Nos dimos cuenta de que el participante había obligado a su yo más joven a gestionar su realidad financiera. Analizamos las ventajas y los inconvenientes de este enfoque. Nadie querría que un niño gestionara sus finanzas.

Así pues, la conversación se orientó hacia la liberación de esta obligación, concediendo al niño de ocho años una indemnización de diversión, libertad y responsabilidad adulta. La energía de la sala se aligeró cuando el participante aceptó la perspectiva de una nueva y empoderada perspectiva del dinero.

Bajo la fachada de estabilidad y previsibilidad del enfoque financiero de su madre, descubrimos un trasfondo de miedo y ansiedad. Sin saberlo, la participante había interiorizado estas emociones, etiquetándolas erróneamente como seguridad.

Esta toma de conciencia provocó un profundo cambio de perspectiva: liberarse de los anclajes monetarios de la infancia. El participante empezó a comprender que su realidad financiera no era tan terrible como pensaba. Fue un momento transformador, que abrió la posibilidad de una relación más sana con el dinero.

Así que, pregúntese... ¿Estás dejando que el niño-tú gobierne tu banco? ¿O eres tú quien manda?

25

BRILLANTEZ CON DINERO

¿Y si sales de aquí sin nada más que tú y el espacio de ser tú?

Si tuvieras una varita mágica y fueras tú mismo, ¿qué elegirías ahora mismo?

¿Haría usted su presupuesto o pediría a alguien que colaborara con usted y le mostrara algo que le divirtiera?

Encontré a una mujer a la que le encantan los números y me habla con números. Ella hace todo tan claro para mí acerca de todas mis cuentas y todo, y ella me metió en esta cosa QuickBooks en línea. Es alucinante. Esa constricción acaba de abrirse.

Y, estoy empezando a sentirme tan expansivamente generativa sólo sabiendo que ella está manejando todo para mí, y que tengo la oportunidad de hablar con ella al respecto. Entonces, cuando ella pide algo, hay una emoción de, "Sí. Aquí está", o cuando ella dice, "Mira esto", yo digo, "Sí, hagámoslo".

Es algo que me entusiasma, mientras que cuando murió mi padre y dejé de tenerlo como fuente, estaba aterrorizada. No sabía qué hacer. Tuve que crear mi propia realidad financiera, por primera vez.

Hoy estoy contenta de estar donde estoy, guiada por la energía adecuada.

Sé enseguida cuándo es un "No, lárgate, ni siquiera te devuelvo la llamada".

Sé cuándo hay una vacante y digo: "Esto es lo mío. Definitivamente necesito a ella o a él".

¿Sabes lo que quiero decir? Ahora lo sé. No lo sabía entonces porque estaba bajo el sistema de creencias de mi padre.

Así que, si después de leer esto te vas sintiéndote un poco más ligero, expansivo y libre, estupendo. Si te sientes fatal y sales de aquí pensando: "Oh, mierda. Tengo cosas que hacer", estupendo porque al menos estás reconociendo las mentiras.

¿Quién eres? ¿Qué estás siendo? ¿En qué mentira(s) estás creyendo? Recuerda, el quién es generalmente alguien, el qué es una energía. Y la mentira es una creencia inculcada por ese alguien o por esa energía que tú sigues percibiendo como verdadera.

También hay muchas barreras culturales para poner en orden tu realidad financiera. Permítanme compartir otra interacción de mi taller sobre las Mentiras del Dinero. Estábamos hablando de dinero y el ambiente se estaba poniendo interesante. De repente, un participante ruso soltó esta bomba: "Está mal tener dinero". Decidimos jugar con ello, diciéndolo en inglés y luego en ruso. Sorprendentemente, la versión rusa parecía más ligera, más emocionante.

Indagamos en cómo los puntos de vista culturales influían en las creencias sobre el dinero. Resulta que la perspectiva rusa parecía más libre para el participante. Entonces, dimos con algo grande: la idea de que "mal" no es más que "vivir" deletreado al revés. Teníamos algo entre manos.

El participante habló de la negatividad en torno al dinero en su comunidad rusa. Fue frustrante. Exploramos la creencia de que el dinero es malo y descubrimos un profundo conflicto. Se dieron cuenta de que estaban atascados justificando no vivir realmente, como su madre, y eso no estaba bien.

Esta charla puso de manifiesto cómo se entremezclaban las creencias monetarias, la cultura y las experiencias personales. Mi trabajo consistía en hacer preguntas que les hicieran pensar. ¿El objetivo? Ayudarles a ver el dinero desde una perspectiva nueva y enriquecedora.

Esta conversación demostró que cuestionar lo que piensas sobre el dinero puede liberarte. Es un viaje hacia una mejor relación con la riqueza. Y demostró que cambiar tu forma de ver el dinero puede abrirte las puertas a más abundancia y felicidad.

Cuando recuerdo nuestra charla, me acuerdo de por qué estoy aquí: para ayudar a gente como el participante a liberarse de la vieja mentalidad del dinero y dar un paso hacia un futuro más brillante y emocionante.

¿Cuántas de estas creencias has oído? ¿Que el dinero es malo? ¿Que no puedes ir más allá de tu posición en la vida? Si ganas más que tu familia, ¿te desterrarán o exiliarán? ¿O que ya no te querrán si tienes más que tus amigos o tu familia?

¿Y cuánto de lo que estás siendo es abdicar de tu perspicacia financiera por algo que ni siquiera eres tú?

Porque si te pregunto esto, más allá de tu mente y más

allá de tus cuentas bancarias reales, ¿sabes que eres brillante con el dinero?

¿Alguien no lo sabe? ¿La verdad?

No pasa nada, no te vas a meter en líos. Di: "Soy brillante con el dinero".

Y si dudas, ¿cuándo dejaste de ser brillante? ¿Quién eres cuando dejaste de serlo? ¿Qué estás siendo? ¿Qué estás siendo cuando dejaste de serlo? ¿En qué mentira te estás creyendo?

Porque aquí está la cosa. Si fuiste brillante con el dinero en un tiempo, sigues siendo brillante con el dinero en este momento. Sólo que está oculto.

Suena un poco a teoría de la conspiración, pero no es más que una forma de ordenar tu realidad y mantenerte deprimido. Eso es lo que hace esta realidad. Te mete en una caja y se deshace de ti. Es como los juguetes de niño con los que jugabas cuando empezabas a aprender círculos y cuadrados, y cogías el del círculo e intentabas golpearlo contra el cuadrado. Es como 'el dinero es malo' y 'no soy bueno con el dinero'. Y lo repites una y otra vez, pero el círculo nunca entra en el cuadrado porque tú eres el círculo. El círculo entra en el círculo porque eres brillante. Eres un círculo.

¿Tiene sentido? Entonces, ¿eres brillante con el dinero?

¿Sí? Y renunciarías a un grado de lo que sea que hayas elegido no ser.

Sea cual sea esa emoción que te está abandonando, surféala como si estuvieras surfeando una ola en el océano. Respira por la boca. Emoción, energía en movimiento.

Trabajo con un brillante operador de bolsa que está haciendo toneladas y toneladas de dinero en Australia. Entonces ocurrió algo y él hizo una mala "elección" y, posteriormente, cada elección después de que era malo, hasta el punto de que casi lo perdió todo y tuvo que salir y tomar seis meses de descanso y hacer un montón de trabajo personal para recuperar su confianza.

Fue devastador, devastador para él y para su mujer. Ambos eran comerciantes y, al instante, ya ni siquiera podían oír o percibir su brillo. Había desaparecido.

Cuando algo así sucede, por la razón que sea, porque no importaba la historia, y empiezas a elegir una y otra y otra vez la antítesis de lo que eres, empiezas a creerte de verdad tu antítesis de lo que eres. Olvidas que has ganado un millón de dólares o que has tenido éxito. No sólo con el dinero, con todo. Y para mí, ese es el mayor abuso de esta realidad.

Coge todo lo increíble que somos por el mero hecho de ser tú y lo convierte en otra cosa que ni siquiera se parece a ti. Entonces te miras al espejo y dices: "¿Quién coño eres?". Y luego dices: "Oh, sí, soy yo. Déjame arrastrarme a mi agujero. Voy a vivir en la tierra patética".

No hace falta estar veinte años en terapia con estas herramientas. Créeme, sé que me he deshecho de algunas cosas. Sé lo que es mirar cosas que no quieres volver a mirar o sentir o saborear u oler.

Sin embargo, sé que, cuando miro, tengo poder porque ahora puedo elegir de forma totalmente clara y consciente. Uno puede elegir ignorar u olvidar la elección, pero eso no le quita el poder de elegir.

¿Siempre va a ser divertido? No.

¿A veces sabrá a bilis? Sí. ¿Sólo sabrá a bilis durante un rato? Sí.

No tienes que pasarte otros veinte años siendo algo que no eres y creando el anti-tú. Puedes pasar el día de hoy y todos los días a partir de ahora siendo tú. Ser tú, el verdadero tú, la huella de tu alma: esta brillantez es intrínseca a todos nosotros.

¿Estaría bien que tu cuerpo dejara de ser el contenedor de almacenamiento de los juicios de los demás sobre su falta de voluntad para tener dinero? Di sí en voz alta si es así...

Así que, cuando la gente está haciendo eso a tu alrededor y sientes que te están tomando el pelo, puedes decir: "Deja de poner tu mierda sobre mí, yo elijo mi realidad financiera".

Es como tu escudo superpoderoso.

Nunca, nunca, nunca reniegues o desautorices lo que se te ha regalado y lo que has creado para ti. Tener en esta realidad es una habilidad para recibir, especialmente con dinero, a un nivel al que la mayoría de la gente aspira y nunca alcanza.

Necesitamos más seres como tú para recibir y conseguir un mundo libre de abusos, incluidos los financieros.

Así que, sigue teniendo dinero y sigue permitiendo que la gente, como tus amigos, realmente conozcan, sean, reciban y perciban la diferencia y la capacidad única que eres. Es un regalo.

Mi compañera viene del dinero, maneja el dinero y tiene mucho dinero. Ella nunca, nunca, nunca ha estado sin dinero.

Tenía a mi padre y teníamos dinero, pero siempre he trabajado por dinero. He trabajado desde que era joven. También hubo muchos abusos, muchas historias.

Tengo una historia de modelo con dinero que estaba llena de cosas pornográficas en la agencia para la que trabajaba. Es una historia demasiado larga para entrar en ella ahora, pero tenía muchas cosas relacionadas con el dinero y el tener. No lo quería porque estaba asociado con el abuso y cosas así. Me pagaban por hacer algo por lo que nunca veía el dinero.

Así que estar con ella y aprender a tener dinero, ser testigo pragmático de la brillantez, se ha infiltrado en mi realidad de maneras que me han hecho pensar y sentir y conocer y ser y recibir más dinero - y mejorar en la toma de decisiones con el dinero simplemente por estar en su presencia y ser testigo y observar, incluso hasta el punto de: "No voy a conseguir Wi-Fi en un avión porque son 7 dólares extra".

Y pienso: "Vale, si alguien que tiene dinero no quiere hacer eso, ¿qué es eso? Como, realmente, ¿qué es eso? " No es un juicio - no como, "Ella está siendo penosa."

Realmente necesito analizar todo esto y pensar: "Muy bien, ¿necesito viajar en primera clase o en clase preferente a todas partes? ¿Le gusta a mi cuerpo?"

Es todo lo que he aprendido gracias a ella.

Entonces, ¿quién serías ahora que sabes que puedes crear tu realidad financiera? ¿Quién serías? ¿Qué estarías haciendo y cuánto generarías y crearías? ¿La verdad?

Cuando dejes este libro hoy, escribe 25 cosas sobre cuál es tu realidad financiera. Después, créala cada día durante los próximos treinta días. Realiza una acción para crearla durante los próximos treinta días. Toma otra acción, créala para los próximos treinta días.

Sé tú, comprométete contigo, elígelo y colabora con el universo conspirando para bendecir, y luego crea a partir de ahí. Eso es lo que yo llamo vitalidad radical. Puedes aprender más sobre esto en mis otros dos libros - *Radically Alive Beyond Abuse* y *Creating After Abuse*.

26

ACABAR CON LAS MENTIRAS SISTÉMICAS

Al igual que decimos todas estas mentiras a nivel individual, también las sentimos a nivel sistémico. Curiosamente, uno de los participantes en mi taller de San Francisco señaló,

"Hay una mentira cuando estás en el sistema del dólar estadounidense. Necesitamos dinero y usamos dinero, pero la moneda que están creando y siguen imprimiendo más a causa de la Reserva Federal y el Tesoro es en realidad un fraude perpetrado contra nosotros, porque está endeudando nuestro futuro y el futuro de nuestra próxima generación. Está gastando fuera de control. Estamos en billones de dólares de deuda.

¿Qué es lo que la energía está conectada a donde estamos recibiendo estos dólares de papel para nuestro trabajo, un pagaré, pero eso es una mentira. En 1971, estaba conectado al patrón oro. Pero desbarataron eso e imprimieron dinero como nadie, y ahora estamos en un punto en el mundo donde..."

Sabía lo que decía, hay mucho de verdad en ello. Pero lo que me preocupaba era cuánto de lo que decía encarnaba como su resistencia y reacción contra recibir dinero y aparecer en su cuenta bancaria...

Así es como usaba esa perpetración contra sí misma.

Aunque decía la verdad, en realidad se había convertido en parte de la perpetración al no permitirse tener lo que es suyo y lo que podría contribuir a desmantelar eso, a cambiar este mundo, a deshacerse de Monsanto, si tuviera dinero.

Eliminamos y erradicamos el abuso en este planeta teniendo y usando el dinero para cambiar realidades. Si no recibes. Te conviertes en parte del problema, no de la solución.

Debemos mirar a nuestro alrededor y ser los agentes del cambio en nuestras vidas. Para mí, mi realidad financiera cuida de mi cuerpo. Ha sido un gran trabajo en progreso escuchar a mi cuerpo. Mi realidad financiera es tener. Mi cuenta del diez por ciento por tres: cuenta del cuerpo, cuenta del negocio y cuenta que me honra a mí misma. La idea es ahorrar -recibir- el treinta por ciento de cada dólar que ganas y gastas en una cuenta separada para el cuerpo, el negocio y uno mismo.

Mi realidad financiera significa que iré por todo el mundo dondequiera que me inviten a dar clases. Mi realidad financiera hace un programa de radio de Voice America que es una labor de amor que cuesta entre treinta mil y ffty mil dólares al año. Es un recurso gratuito porque sé que cuando recibo una llamada de Dubai, Pakistán, India, Australia, Hong Kong, Israel o donde sea, y facilito a una persona la salida de su jaula de abuso hacia la vitalidad radical, la transición de lo traumático a lo orgásmicamente vivo, sé que he tocado esa tierra y ese país.

Sé que Internet es accesible en todas partes, y no voy a dejar de hacerlo mientras siga formando parte de mi realidad financiera.

¿Cuánto de lo que he dicho tiene que ver con el dinero? Este capítulo es un recordatorio para crear tu realidad. Este libro es para recibirte a ti mismo como un regalo. Financieramente, recibirte como un regalo es una forma de amor propio. El amor propio es el salvador de mi realidad financiera. Trabajar para tener, recibir, ahorrar, garantizar y crear toda mi realidad desde la autenticidad y la genuinidad es la meta más alta de mi vida espiritual. Y francamente, elijo vivir Radicalmente Viva, libre de cualquier limitación que nunca fue mía en primer lugar. ¿Y tú, querido lector? ¿Cuál es tu realidad financiera?

Os agradezco mucho vuestro tiempo. A los que me han tocado por primera vez, gracias por leerme. A los que conozco muy bien, gracias. Valoro su tiempo. Valoro su atención. Os valoro.

Espero que te haya resultado fructífero. Espero haber sido una contribución para ti, y definitivamente espero poder escuchar tus comentarios sobre esta lectura.

¡Sé Tú! ¡Más allá de todo! ¡Crea Magia! y ¡Ve, Sé, Crea!

EPÍLOGO

En la introducción, le dije que tenía en sus manos una mina de oro, y espero que ahora pueda ver por qué.

La verdad es que no hay ninguna razón por la que no puedas crear todo el dinero que deseas si tienes el valor y la voluntad de mirar "bajo el capó" de tu propia realidad financiera. Y en este libro, te he mostrado un camino y te he dado herramientas para comenzar el proceso de examinar tres mentiras del dinero.

La primera mentira es que el dinero es dios y tú eres menos que él.

La segunda mentira es que el dinero es tu perpetrador, tu eterno carcelero, y no puedes tenerlo.

La tercera mentira es que el dinero es un problema.

Y, aunque esto no es ni mucho menos todo sobre las mentiras del dinero, es suficiente para empezar.

Recuerda, sólo necesitas cambiar un grado, ¿verdad?

Estoy seguro de que te has dado cuenta de que hay muchas, muchas preguntas profundas que puedes hacerte para desentrañar lo que sea que tengas alrededor del dinero y, espero, que te las hayas estado haciendo a lo largo de la lectura de esto, o las hayas marcado para volver a ellas.

(Sin embargo, si no lo hiciste, o sientes que te gustaría tener más ayuda con esto, echa un vistazo al Apéndice donde he enumerado otros recursos que tengo disponibles. Hay una plétora de ellos, y todos están diseñados para ayudarte a abrirte paso hacia tu propio ROAR® - tu realidad radicalmente, orgásmicamente, viva).

Cada vez que te quedes atascado y quieras salir de él, empieza a hacerte estas tres preguntas esenciales:

- *¿Quién soy?*
- *¿Qué estoy siendo?*
- *¿Qué mentira me estoy creyendo que he hecho realidad?*

Entonces, a medida que descubras la verdad por ti mismo y liberes tu energía, querrás avanzar en tu vida con las "4 C":

- *Comprometerse contigo*
- *Elige por ti*
- *El Universo conspira para bendecirte y quiere colaborar contigo*
- *Crearte*

Una vez que empieces a elegir lo que es luz y está justo delante de ti - y sigas esa energía - el dinero te seguirá por lo que hay dentro de ti.

Así que, como les dije a los otros...

Te reto a que seas el tsunami o terremoto andante y parlante que altera la realidad con tu mera presencia, a que seas tu ROAR® (Radically Orgasmically Alive Reality).

Sé tú, más allá de todo y crea magia.

La Dra. Lisa Cooney, pionera de la transformación personal.

Como Terapeuta Matrimonial y Familiar licenciada, Maestra Sanadora Theta y dinamo en todos los sentidos, es el cerebro detrás de ¡Vive tu RUGIDO! ¡Sé Tú! ¡Más allá de todo! ¡Creando Magia! La Dra. Lisa ha guiado a innumerables almas en un viaje desde tiempos difíciles, como las luchas de la infancia, a abrazar una "Realidad Radicalmente Orgasmicamente Viva" (ROAR®).

Con un Doctorado en Psicología y una bolsa llena de dones extra ordinarios, incluyendo Reiki, Sanación Theta, Termometría, Terapia de la Respiración, Psicodrama, Terapia de los Sueños, Espiritualidad Socialmente Comprometida, Hipnoterapia Centrada en el

Corazón e Hipnosis Profunda basada en el Chamanismo, la Dra. Lisa es una experta certificada.

La magia de la Dra. Lisa surge de su propio viaje de sanación, en el que no sólo superó los problemas de la infancia, sino que también venció una enfermedad que amenazaba su vida. En el centro de sus enseñanzas transformadoras hay cuatro principios de oro: Elige por ti, Comprométete contigo, Colabora con las bendiciones cósmicas y Crea la vida que deseas -esencialmente, las 4 C para una transformación rocambolesca.

Gurú trotamundos muy solicitada, la Dra. Lisa imparte clases, talleres y discursos electrizantes en todo el mundo. Conocida por su enérgico mantra "I'm Having It!...No Matter What!", la Dra. Lisa enseña a la gente a cabalgar las olas de la energía mágica y creativa para una vida que no sólo es ligera y correcta, sino francamente encantadora.

Puedes encontrar su animada presencia en su propio programa en el Voice America Empowerment Channel, donde conecta con miles de ávidos oyentes cada semana. También puedes leer sus otros libros de éxito internacional, como *Radically Alive Beyond Abuse* y *Creating After Abuse*.